plurall

Parabéns!
Agora você faz parte do **Plurall**, a
plataforma digital do seu livro didático!
Acesse e conheça todos os recursos e
funcionalidades disponíveis para as
suas aulas digitais.

Baixe o aplicativo do **Plurall** para Android e
IOS ou acesse **www.plurall.net** e cadastre-se
utilizando o seu código de acesso exclusivo:

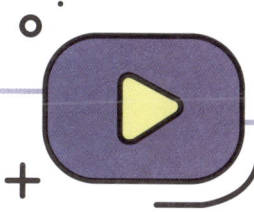

AAADG6S27

Este é o seu código de acesso Plurall.
Cadastre-se e ative-o para ter acesso
aos conteúdos relacionados a esta obra.

 @plurallnet

 @plurallnetoficial

CB026453

SOMOS
EDUCAÇÃO

Projeto Ápis

GEOGRAFIA

MARIA ELENA SIMIELLI

Bacharela e licenciada em Geografia pela Universidade de São Paulo (USP).
Professora doutora em Geografia e professora livre-docente do
Departamento de Geografia – Pós-graduação, USP.
Ex-professora dos Ensinos Fundamental e Médio nas redes pública e
particular do estado de São Paulo.

4º ANO

Ensino Fundamental

editora ática

editora ática

Presidência: Mario Ghio Júnior

Direção editorial: Lidiane Vivaldini Olo

Gerência editorial: Viviane Carpegiani

Gestão de área: Tatiany Renó

Edição: Luciana Nicoleti (coord.) e Maria Luisa Nacca

Planejamento e controle de produção: Flávio Matuguma, Juliana Batista, Felipe Nogueira, Juliana Gonçalves e Anny Lima

Revisão: Kátia Scaff Marques (coord.), Brenda T. M. Morais, Claudia Virgilio, Daniela Lima, Malvina Tomáz e Ricardo Miyake

Arte: André Gomes Vitale (ger.), Catherine Saori Ishihara (coord.), Nicola Loi (edição de arte)

Iconografia e tratamento de imagem: André Gomes Vitale (ger.), Claudia Bertolazzi e Denise Durand Kremer (coord.), Evelyn Torrecilla (pesquisa iconográfica), Fernanda Crevin (tratamento de imagens)

Licenciamento de conteúdos de terceiros: Roberta Bento (gerente), Jenis Oh (coord.), Liliane Rodrigues, Flávia Zambon e Raísa Maris Reina (analistas de licenciamento)

Ilustrações: Carlos Bourdiel, Cláudio Chiyo, Félix Reiners, Ilustra Cartoon, Ingeborg Asbach, Léo Fanelli, Rodval Matias

Cartografia: Eric Fuzii (coord.) e Robson Rosendo da Rocha

Design: Talita Guedes da Silva (proj. gráfico e capa)

Ilustração de capa: Barlavento Estúdio

Logotipo: Saulo Dorico

Todos os direitos reservados por Somos Sistemas de Ensino S.A.
Avenida Paulista, 901, 6º andar – Bela Vista
São Paulo – SP – CEP 01310-200
http://www.somoseducacao.com.br

Dados Internacionais de Catalogação na Publicação (CIP)

```
Simielli, Maria Elena
   Projeto Ápis : Geografia : 1º ao 5º ano / Maria Elena
Simielli. -- 4. ed. -- São Paulo : Ática, 2020.
   (Projeto Ápis ; vol. 1 ao 5)


   Bibliografia


   1. Geografia (Ensino fundamental) Anos iniciais I.
Titulo II. Série

20-1073                              CDD 372.891
```

Angélica Ilacqua - Bibliotecária - CRB-8/7057

2022
Código da obra CL 750407
CAE 721272 (AL) / 721271 (PR)
ISBN 9788508195541 (AL)
ISBN 9788508195558 (PR)
4ª edição
4ª impressão
De acordo com a BNCC.

Impressão e acabamento: Bercrom Gráfica e Editora

Uma publicação  **SOMOS** EDUCAÇÃO

Apresentação

Caro aluno,

Esta coleção foi feita pensando em você, uma criança que está começando a grande aventura de explorar o mundo por meio dos estudos.

Como professora, procuro sempre estimular cada aluno a reconhecer como a Geografia está presente no dia a dia, de uma maneira tão natural que às vezes nem pensamos nela.

Por isso, neste livro, você vai trabalhar de uma forma prática. Orientado por seu professor, é você quem vai construir a Geografia, tanto na sala de aula quanto nas outras atividades do seu dia a dia.

Espero que este livro ajude você, aluno, a compreender melhor o mundo em que vivemos e a participar dele ativamente para construir uma sociedade cada vez melhor.

Que tal embarcar nessa viagem?

A autora

Conheça seu livro

Este livro contém quatro unidades. Cada unidade tem dois capítulos.

Abertura de unidade

No início de cada unidade há uma ilustração e algumas questões para despertar o seu interesse pelo tema que será estudado.

Abertura de capítulo

Imagens, textos e atividades orais estimulam você a conversar com os colegas sobre os assuntos que serão estudados.

Assim também aprendo

Histórias em quadrinhos, tirinhas e brincadeiras vão ajudar no seu aprendizado.

Para facilitar a compreensão dos textos, o significado de algumas palavras será apresentado na própria página: no **vocabulário**.

Saiba mais

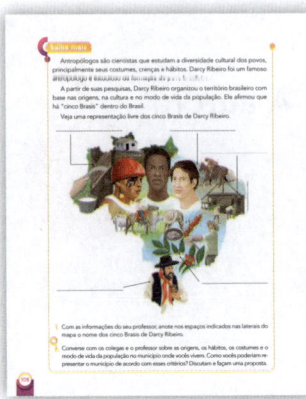

Textos, imagens e atividades para ampliar seus conhecimentos e aguçar sua curiosidade.

Com a palavra...

Entrevistas com diferentes profissionais farão você perceber que o conhecimento pode ser adquirido além dos livros.

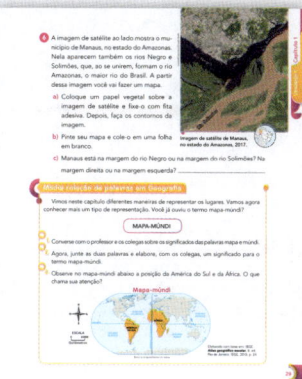

Minha coleção de palavras em Geografia

Ao longo dos capítulos e ao final de cada unidade, você vai encontrar atividades que exploram o sentido de algumas palavras importantes para a disciplina.

Glossário

No final do livro você encontra o significado de palavras destacadas no texto, importantes para o estudo de Geografia.

Tecendo saberes

Aqui você vai entrelaçar os conhecimentos da Geografia com os saberes de outras disciplinas.

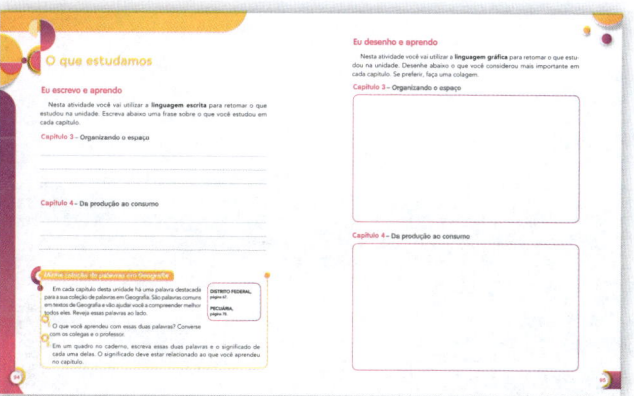

O que estudamos

É o encerramento da unidade de estudo. Aqui você vai trabalhar a escrita e o desenho, retomar o que foi estudado, além de refletir sobre o que aprendeu.

Material complementar

Acompanha o livro do aluno:

Ápis divertido

Caderno de atividades

Ápis divertido
Jogos que exploram os temas estudados.

Caderno de atividades
Atividades para você praticar o que aprendeu em cada unidade.

Ícones

   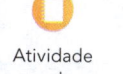 

| Atividade oral | Atividade em grupo | Atividade em dupla | Atividade no caderno | Pesquise |

Sumário

UNIDADE 1 — No mundo dos mapas 8

Capítulo 1
Construindo mapas 10

Para iniciar 10

Imagens e mapas 11

Da imagem ao mapa 23

Capítulo 2
Ler e entender mapas 30

Para iniciar 30

O alfabeto cartográfico e a legenda 31

Orientação geográfica e escala 41

Tecendo saberes 48

O que estudamos 54

UNIDADE 2 — A interdependência campo-cidade 58

Capítulo 3
Organizando o espaço 60

Para iniciar 60

O trabalho no campo e na cidade 61

As unidades político-administrativas 67

Tecendo saberes 70

Capítulo 4
Da produção ao consumo 76

Para iniciar 76

A atividade industrial 77

Plantar para comer, produzir para vender 83

O que estudamos 94

UNIDADE 3

O território brasileiro 98

Capítulo 5
Diferentes culturas e muitas cidades 100

Para iniciar 100
O encontro de culturas..................... 101
Tecendo saberes 106
O crescimento urbano 110

Capítulo 6
Diversidade regional 116

Para iniciar 116
As grandes regiões brasileiras 117
Representações regionais 128
O que estudamos 132

UNIDADE 4

O ser humano e a natureza 136

Capítulo 7
O espaço natural brasileiro 138

Para iniciar 138
Altitudes médias e muitos rios 139
Um país tropical 144

Capítulo 8
A ação humana no meio natural 150

Para iniciar 150
Extrair para usar 151
O solo e a vegetação 156
Tecendo saberes 160
O que estudamos 162

Glossário 166
Bibliografia 168

Estúdio Félix Reiners/Arquivo da editora

1

No mundo dos mapas

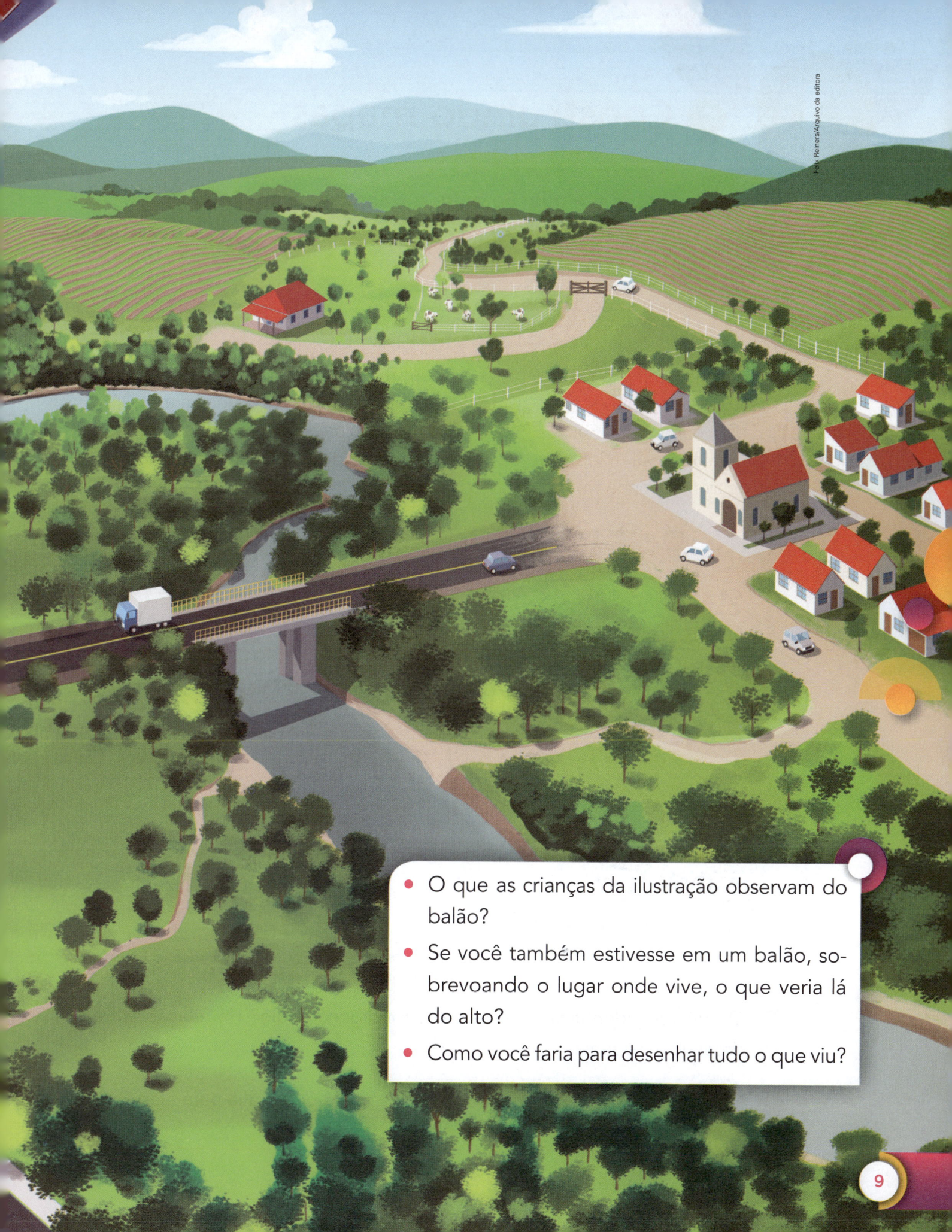

- O que as crianças da ilustração observam do balão?
- Se você também estivesse em um balão, sobrevoando o lugar onde vive, o que veria lá do alto?
- Como você faria para desenhar tudo o que viu?

Felix Reiners/Arquivo da editora

1 Construindo mapas

Para você, qual é a relação entre a Geografia e os mapas?

Para iniciar

Leia os versos a seguir e observe a imagem.

> A definição das palavras destacadas está no **Glossário**, página 166.

Geografia

Geografia é onde o rio está.
Onde o município está.
É para onde vem o Sol.
É para onde vai o Sol.
Este rio para onde vai?

Geografia é a divisão das águas.
É igarapé, igapó, lago, açude, mar.
É a medição da terra, a demarcação.
É fotografia, desenho, cor, é um mapa.
[...]

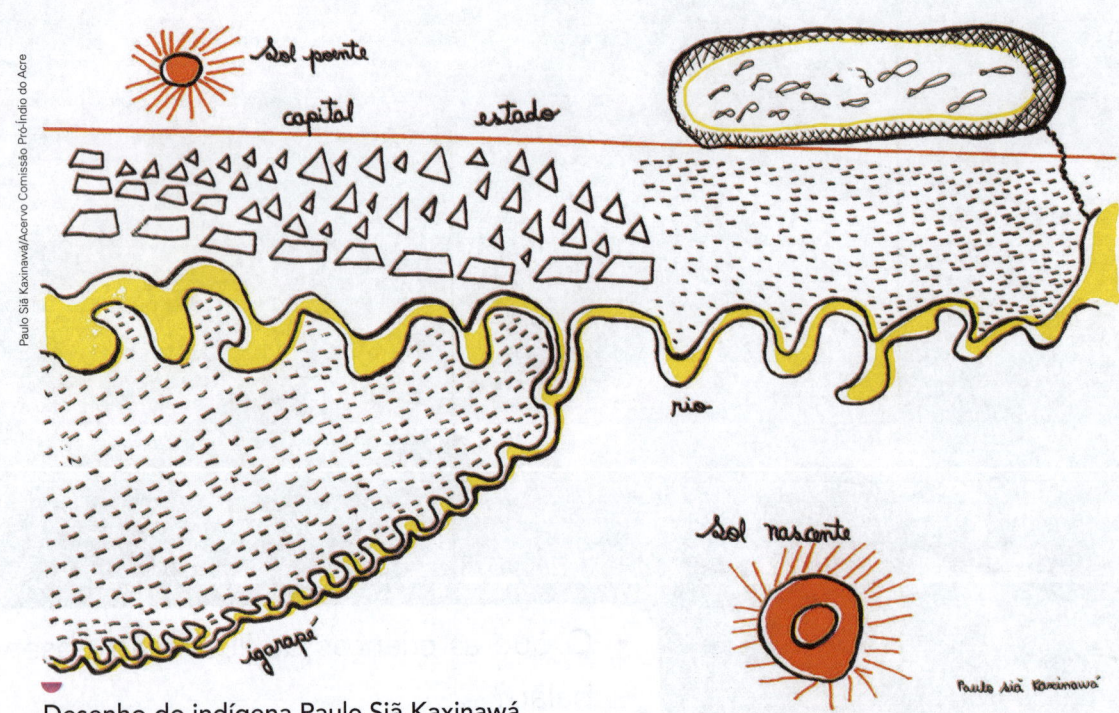

Paulo Siã Kaxinawá/Acervo Comissão Pró-Índio do Acre

Desenho do indígena Paulo Siã Kaxinawá.

SPYER, Márcia; GAVAZZI, Renato A. (Org.). **Geografia indígena**. Rio Branco: Comissão Pró-Índio – Setor de Educação, 1992. p. 1 e 2.

1 O que você identifica no desenho do indígena Paulo? Há relação entre o desenho e o poema?

2 No poema, indígenas kaxinawás dizem o que é Geografia para eles. E para você, o que é Geografia? O que ela estuda?

Imagens e mapas

Podemos representar um objeto ou uma paisagem de diferentes formas, dependendo do ponto de vista do qual os observamos.

1 Observe os desenhos abaixo.

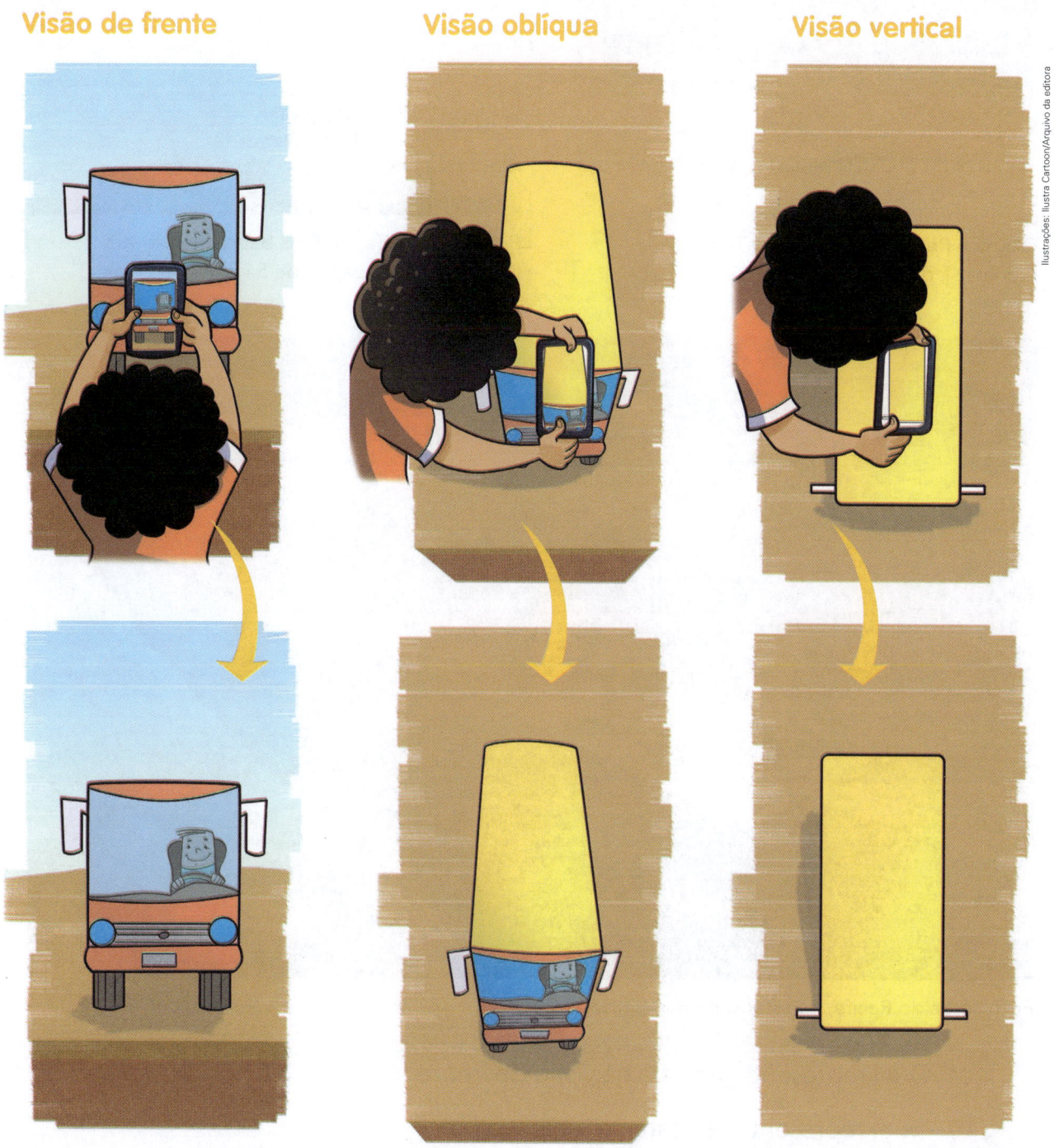

Ilustrações: Ilustra Cartoon/Arquivo da editora

Visão de frente · **Visão oblíqua** · **Visão vertical**

- Em duplas, comparem os desenhos do ônibus representado acima. Que diferenças vocês percebem entre eles?

2 Observe as representações abaixo, de parte do município de Recife, no estado de Pernambuco. Elas foram feitas por um desenhista, um pintor e um fotógrafo, respectivamente.

Olinda e Recife, mapa de João Teixeira Albernaz I, de cerca de 1626.

Porto de Recife, de Emil Bauch, século XIX (têmpera sobre papel, de 54 cm × 133 cm).

Foto aérea do Recife, no estado de Pernambuco, 2015.

a) Qual representação está na visão de frente? _____

b) Qual representação está na visão oblíqua? _____

c) Quais representações mostram a parte do município do Recife que está em uma ilha? _____

Representações de lugares

Podemos fazer representações **diretas**, **indiretas** e **imaginárias**.

Vamos conhecer essas diferentes formas de representação?

Representação direta é quando desenhamos o que vemos diante de nossos olhos no espaço real. Veja um exemplo.

Lara mora no Recife, a capital do estado de Pernambuco, que fica no litoral.

Um dia, sua prima Carolina foi visitá-la e fez um desenho do lugar.

De onde estava, Carolina viu vários elementos da paisagem, como o Marco Zero e a antiga Ponte Giratória.

O desenho de Carolina é uma forma de representação direta. Observe-o.

Desenho de trecho do Recife, no estado de Pernambuco, 2017.

Representação indireta é o desenho feito a partir de uma foto ou de uma pintura. Acompanhe os exemplos a seguir.

A avó de Lara gosta muito de viajar e sempre manda para a menina fotografias dos lugares que visita.

Veja como podemos representar as paisagens das fotos que Lara recebeu da avó. Estas são formas de representação indireta.

Fotografia 1

Salvador, no estado da Bahia, 2015.

Representação em planos de Salvador, 2015.

Fotografia 2

Lagoa da Conceição, em Florianópolis, no estado de Santa Catarina, 2016.

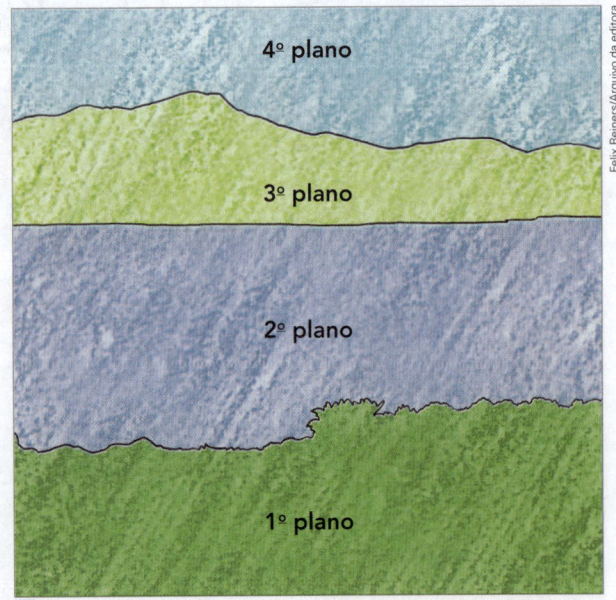

Representação em planos da lagoa da Conceição, 2016.

Fotografia 3

Zig Koch/Pulsar Imagens

▶ Parque Nacional da Chapada dos Veadeiros, em Alto Paraíso de Goiás, no estado de Goiás, 2015.

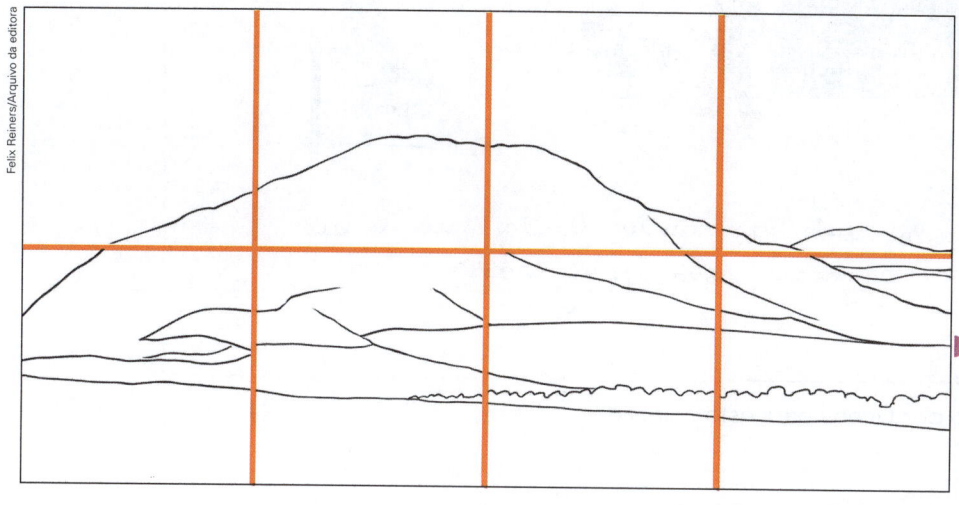

Félix Reiners/Arquivo da editora

▶ Representação em quadrículas da foto do Parque Nacional da Chapada dos Veadeiros, 2015.

Fotografia 4

Foto: Marcos Amend/Pulsar Imagens; Ilustração: Félix Reiners/Arquivo da editora

Fotografia complementada por desenho de comunidade ribeirinha no rio Solimões, em Uarini, no estado do Amazonas, 2015.

Representação imaginária é o desenho da paisagem de um lugar onde nunca estivemos ou que existe apenas na nossa imaginação.

As amigas de Lara fizeram desenhos de lugares que nunca visitaram, mas que têm curiosidade de conhecer. Esses desenhos são representações imaginárias. Veja os exemplos a seguir.

Desenho 1

Desenho feito por Geena para esta coleção.

Desenho 2

Desenho feito por Rafaella para esta coleção.

1 Escolha um lugar de que você goste em seu município. Em uma folha de papel à parte, faça uma **representação direta** desse lugar, como fez Carolina, na página 13.

2 Agora, pense em um lugar imaginário ou aonde você nunca tenha ido.

a) Desenhe abaixo a **representação imaginária** do lugar que você pensou.

b) Que elementos você representou no desenho?

- Naturais: _____

_____

- Culturais: _____

_____

3 Nesta atividade, você vai fazer uma **representação indireta**. Observe a foto.

Vista de morro no município do Rio de Janeiro, no estado do Rio de Janeiro, 2016.

a) Indique os elementos que estão representados na foto. Registre-os no quadro abaixo.

Elementos naturais	Elementos culturais

b) Coloque um papel vegetal sobre a foto da página ao lado. Trace linhas separando os planos da paisagem. Pinte cada um deles com uma cor diferente, como foi feito para representar a fotografia 2 da página 14. Cole o resultado no espaço abaixo.

c) Coloque outro papel vegetal sobre a foto. Complete com desenhos, como foi feito para representar a fotografia 4 da página 15. Cole seu desenho abaixo.

● Que elementos você desenhou nas partes que completou?

Outras maneiras de representar lugares

Vamos analisar outras maneiras de representar o lugar em que Lara mora, com mais detalhes e precisão. Foram utilizadas técnicas variadas em função da finalidade, ou seja, daquilo que se deseja mostrar.

Imagem de satélite

Imagem de satélite na visão vertical. Recife, no estado de Pernambuco, 2016.

1 Como as construções aparecem na imagem de satélite?

_____

_____

_____

2 Que outros elementos você pode ver nessa imagem de satélite?

_____

_____

_____

Planta pictórica

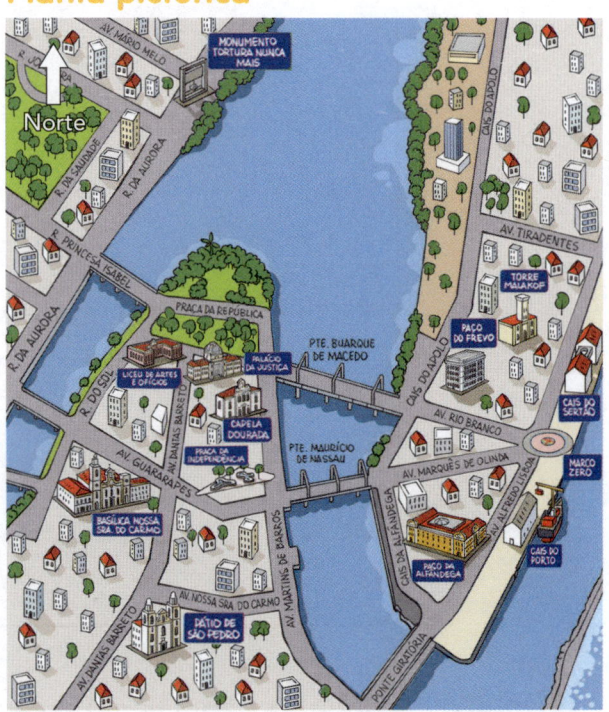

Desenhos de casas, prédios, árvores e outros elementos parecidos com sua forma real, 2016.

1 Compare a representação do Marco Zero na planta pictórica e na imagem de satélite.

_____

_____

_____

2 Cite uma diferença entre as duas representações.

_____

_____

_____

Ao observar e comparar essas representações, encontramos algumas seme-lhanças e muitas diferenças.

Planta

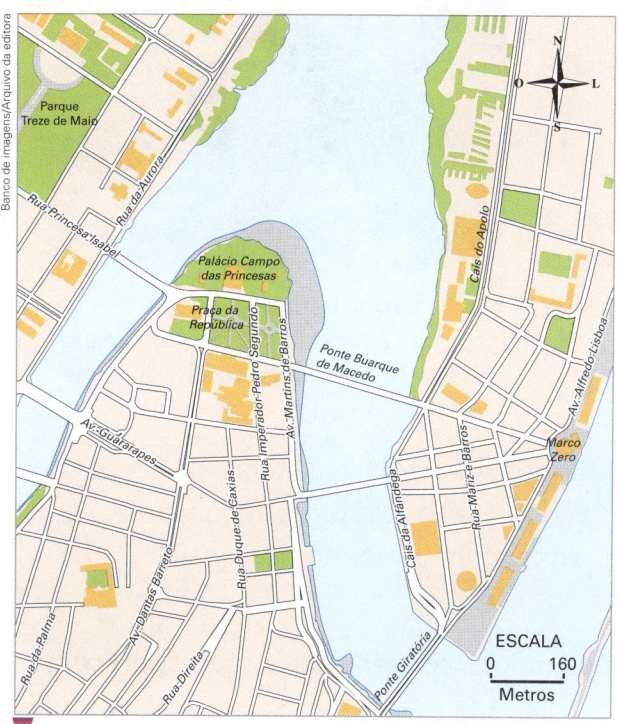

Desenho detalhado das ruas e dos quarteirões, geralmente na visão vertical, 2016.

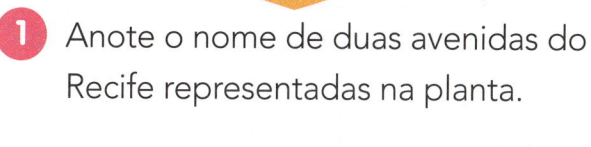

1 Anote o nome de duas avenidas do Recife representadas na planta.

_____

_____

_____

_____

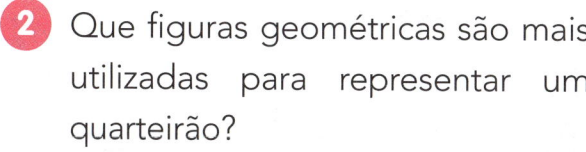

2 Que figuras geométricas são mais utilizadas para representar um quarteirão?

_____

_____

_____

Croqui cartográfico

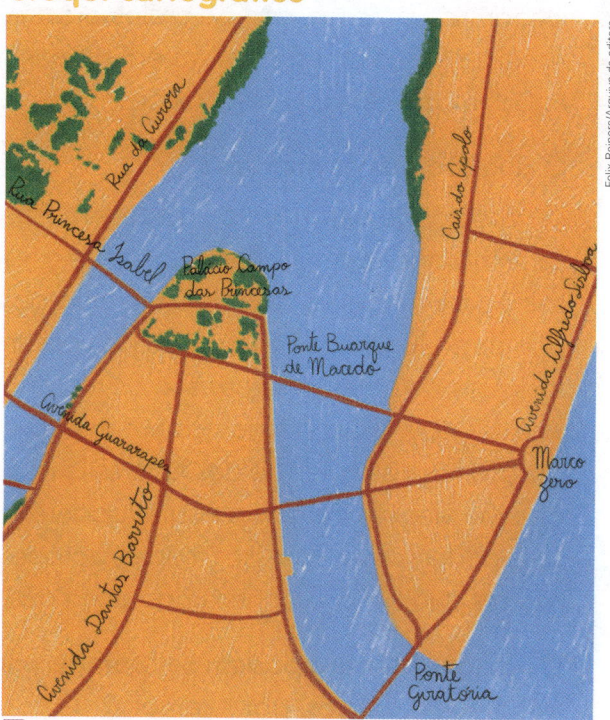

Desenho simplificado mostrando apenas os elementos mais importantes.

1 Quais elementos o autor do croqui considerou importantes?

_____

_____

_____

_____

2 Existe algum elemento que você acha importante, mas que não foi representado no croqui? Qual?

_____

_____

_____

Com a palavra...

Os mapas mentais são importantes no ensino da Geografia. Vamos ver como a professora universitária Amélia Nogueira, especialista em mapas mentais, trabalha com essas representações?

Amélia Regina Batista Nogueira (geógrafa e professora da Universidade Federal do Amazonas, desenvolve suas pesquisas na região amazônica).

O que são mapas mentais?

Você pode desenhar um mapa e mostrar nele o caminho que você faz da sua casa até a escola, ao campo de futebol, à casa de um amigo ou a outros pontos do lugar onde você vive, que você frequenta todos os dias. Esses mapas são os mapas mentais, aqueles que todos nós temos em mente e podem ser dos lugares vividos e dos lugares que conhecemos só através de leituras, de filmes ou de uma viagem de férias. Assim, podemos entender que todos somos mapeadores, ou seja, podemos fazer nossos mapas, porque todos nós conhecemos nossos lugares vividos, lugares que um dia conhecemos ou de que ouvimos falar.

Os mapas mentais podem ser comparados aos mapas convencionais, que aparecem nos livros didáticos, por exemplo?

Sim, porque ambos são representações dos lugares, apenas os objetivos e a maneira de fazer cada um são diferentes. O mapa mental demonstra como cada lugar é a partir do conhecimento vivido de cada sujeito que o está mapeando. Já o mapa convencional tem como objetivo localizar e mostrar o que tem em cada lugar com precisão. Ele tem uma precisão de localização que os mapas mentais não apresentam, por exemplo.

Como você faria o mapa mental das diferentes regiões do Brasil?

Eu vou pensar na região amazônica. Os mapas mentais dessa região mostrariam que aqui existe uma imensa floresta recortada por diferentes rios, entre eles o rio Amazonas-Solimões, o rio Negro e o rio Madeira, que são os maiores. No meu mapa mental também apareceriam os estados e suas capitais. Mas eu não conheço todos os pequenos lugares da Amazônia onde vivem comunidades ribeirinhas, de pescadores, agricultores, extratores; então elas não apareceriam no meu mapa.

Como podem ser feitas as representações dessas diferentes comunidades?

É importante que as pessoas que vivem nesses lugares façam suas representações e nos mostrem onde estão essas comunidades, como elas são, o que tem nelas. Assim, os mapas mentais elaborados por indígenas, pescadores, extratores, crianças, jovens, mulheres e homens das comunidades mostrariam como elas são. Desenhariam os lagos, os rios menores, as roças, as árvores importantes, os rios onde navegam, as casas, as aldeias, enfim os lugares conhecidos e vividos por essas pessoas e que mostram as diferentes comunidades e pequenas cidades que existem nessa região.

Da imagem ao mapa

Você sabe como são feitos os mapas?

Para fazer os mapas (e também as plantas), utilizamos imagens obtidas de um avião ou de um satélite artificial. Atualmente, também é possível produzir mapas de áreas menores com base em imagens obtidas por VANT (Veículo Aéreo Não Tripulável).

Observe a ilustração abaixo.

Sugestão de... Livro

Mapas e mapeamento, de Deborah Chancellor. Barueri: Ciranda Cultural, 2011.

Ilustração sem escala, com cores fantasia.

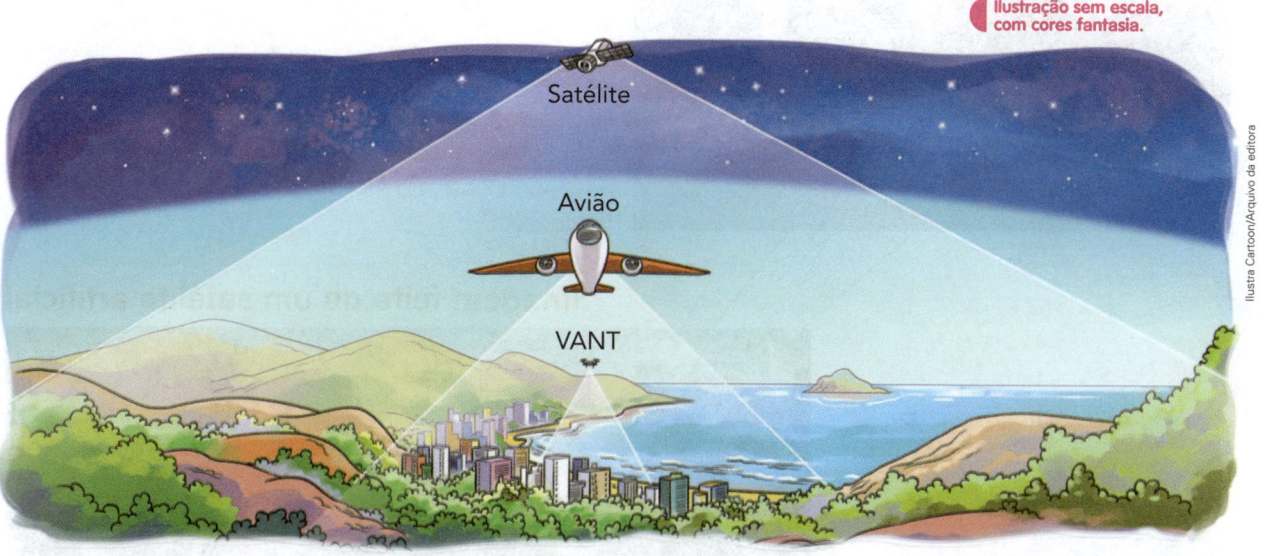

Elaborado com base em: ATLAS universal ilustrado. São Paulo: Martins Fontes, 1997. p. 4.

1 Com base na ilustração acima, responda:

a) Qual equipamento fotografou uma pequena área da cidade?

_____

b) A área maior foi fotografada por um avião ou por um satélite? Por quê?

_____

_____

c) Como você viu, o satélite fornece imagens da Terra. Com a orientação do professor, faça uma pesquisa sobre outras importantes finalidades desse equipamento. Escreva abaixo uma delas.

_____

_____

2 Agora, observe a foto e a imagem de satélite abaixo.

Foto tirada de um avião

Base Aerofogrametria & Projetos

Morro dos Barbosas

Ponte Pênsil — de São Vicente

◗ Foto aérea do morro dos Barbosas e da Ponte Pênsil de São Vicente, em São Vicente, no estado de São Paulo, 2010.

Imagem feita de um satélite artificial

2020 Maxar Technologies, Data SIO, NOAA, US Navy, NGA, GEBCO, TerraMetrics/Google Maps

São Vicente

Santos

Praia Grande

Guarujá

Oceano Atlântico

Área da foto acima

Imagem de satélite da região ◗ de Guarujá, Santos, São Vicente e Praia Grande, no estado de São Paulo, 2020.

a) O que você observa na foto? E na imagem de satélite?

_____

_____

b) Comparando as duas imagens, em qual delas é possível observar mais detalhes (casas, prédios, ruas)? Por quê?

_____

_____

_____

3 Observe a seguir a imagem de parte de um bairro. Do lado direito, vê-se o bairro por meio de uma imagem obtida de satélite e do lado esquerdo, por meio do desenho de uma planta.

Veja que a planta é uma continuação do que está na imagem de satélite. Para fazer a planta, o desenhista colocou um papel vegetal sobre a imagem de satélite e desenhou os elementos.

Planta e imagem de satélite de Pereiras, no estado de São Paulo, 2017.

a) Agora, faça você a sua planta. Coloque um pedaço de papel vegetal sobre a imagem de satélite acima e fixe-o com fita adesiva.

b) Copie a parte da planta que o desenhista já fez. Depois, desenhe a parte que falta, no lado direito. O elaborador agora é você!

c) Cole no espaço abaixo a planta que você fez.

4 Nesta atividade, você vai ver dois exemplos de como mapear uma área grande, como uma cidade, um município, um estado ou um país.

Observe na imagem de satélite abaixo e na foto feita de um helicóptero, na página seguinte, o rio Paraná e seu afluente, o rio Iguaçu. Depois, veja as representações feitas a partir de cada uma das imagens.

Imagem 1 – Feita a partir de um satélite

Imagem de satélite da fronteira entre Brasil, Argentina e Paraguai, 2016.

Representação feita a partir da imagem de satélite acima.

Imagem 2 – Feita a partir de um helicóptero

Confluência dos rios Paraná e Iguaçu, na fronteira do Brasil com Argentina e Paraguai, 2014.

Representação feita a partir da foto acima, tirada de um helicóptero.

a) Os rios Paraná e Iguaçu definem o limite entre três países. Quais são eles?

_____

b) Em qual das duas imagens – de satélite ou foto de helicóptero – é possível perceber parte da represa de Itaipu? Por quê?

c) Em qual das duas imagens podemos perceber mais detalhes, como construções e árvores? Por quê?

5 A imagem de satélite abaixo retrata uma área maior, mais extensa, que vai da região metropolitana de São Paulo até a região metropolitana do Rio de Janeiro. Depois, observe o mapa feito a partir dessa imagem.

Complexo metropolitano São Paulo-Rio de Janeiro – 2010

IBGE. **Atlas geográfico escolar**. 8. ed. Rio de Janeiro: IBGE, 2018. p. 144.

Complexo metropolitano São Paulo-Rio de Janeiro – 2010

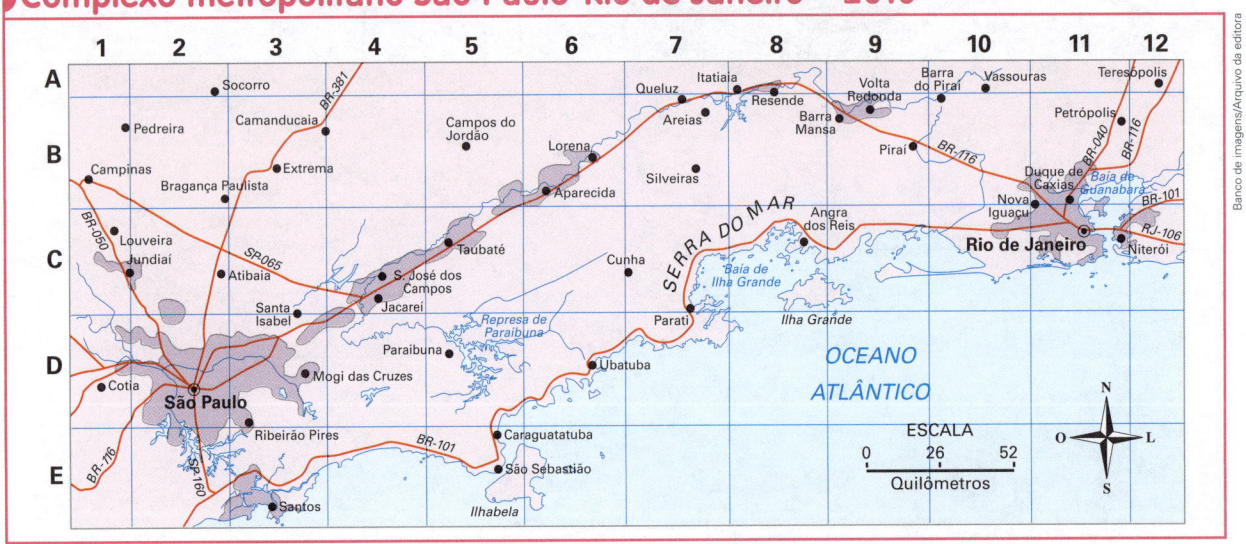

Mapa elaborado pela autora com base em: IBGE. **Atlas geográfico escolar**. 8. ed. Rio de Janeiro: IBGE, 2018. p. 144.

• Forme uma dupla com um colega. Juntos, localizem no mapa os lugares indicados no quadro abaixo e anotem nos espaços as quadrículas que mostram a localização de cada um.

Lugar	Barra Mansa	Represa de Paraibuna	Cidade do Rio de Janeiro	Cidade de São Paulo	Serra do Mar
Quadrícula					

6 A imagem de satélite ao lado mostra o município de Manaus, no estado do Amazonas. Nela aparecem também os rios Negro e Solimões, que, ao se unirem, formam o rio Amazonas, o maior rio do Brasil. A partir dessa imagem você vai fazer um mapa.

a) Coloque um papel vegetal sobre a imagem de satélite e fixe-o com fita adesiva. Depois, faça os contornos da imagem.

b) Pinte seu mapa e cole-o em uma folha em branco.

Imagem de satélite de Manaus, no estado do Amazonas, 2017.

c) Manaus está na margem do rio Negro ou na margem do rio Solimões? Na margem direita ou na margem esquerda? _____

Minha coleção de palavras em Geografia

Vimos neste capítulo diferentes maneiras de representar os lugares. Vamos agora conhecer mais um tipo de representação. Você já ouviu o termo mapa-múndi?

> MAPA-MÚNDI

1. Converse com o professor e os colegas sobre os significados das palavras mapa e múndi.

2. Agora, junte as duas palavras e elabore, com os colegas, um significado para o termo mapa-múndi.

3. Observe no mapa-múndi abaixo a posição da América do Sul e da África. O que chama sua atenção?

Mapa-múndi

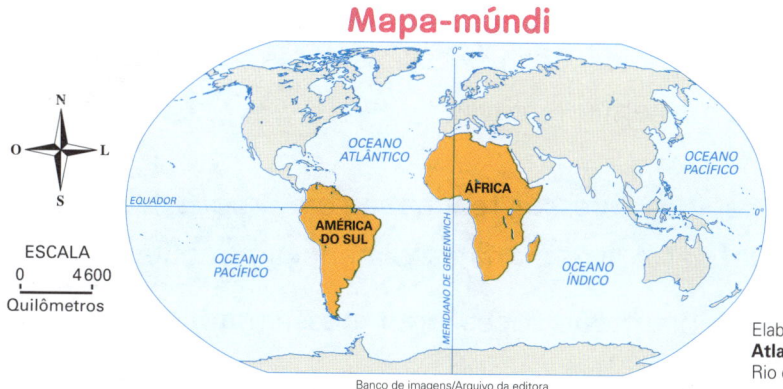

Elaborado com base em: IBGE. **Atlas geográfico escolar**. 8. ed. Rio de Janeiro: IBGE, 2018. p. 24.

Banco de imagens/Arquivo da editora

Ler e entender mapas

O que precisamos saber para ler e entender um mapa?

Sugestão de...
Livro

Mapas & bandeiras:
O mundo para
conhecer e colorir,
de Natalie Hughes.
São Paulo: Queen
Books, 2015.

Para iniciar

Leia a história em quadrinhos abaixo.

SCHULZ, Charles M. **Peanuts:** ninguém mais tem o espírito aventureiro. Porto Alegre: L&PM, 2014. p. 53. (Colorização e tradução adaptadas.)

1 Você sabe o que significam os pontos, as cores, as linhas, os quadrados, os números e os nomes em um mapa?

2 Com a orientação do professor, reúnam-se em grupos. Depois, escolham um mapa disponível neste livro ou na escola e façam o que se pede.

a) Conversem sobre o que vocês leram nesse mapa.

b) Depois, apresentem o que descobriram para o restante da turma.

O alfabeto cartográfico e a legenda

Você já sabe que a língua portuguesa tem um alfabeto que vai de **a** até **z**. Conhecendo o alfabeto, podemos ler e escrever palavras e frases.

Da mesma forma, para ler e entender um mapa você precisa conhecer o alfabeto cartográfico e a legenda, entre outros componentes do mapa.

Alfabeto cartográfico

O alfabeto cartográfico possui três elementos: **linha**, **ponto** e **área**. Observe.

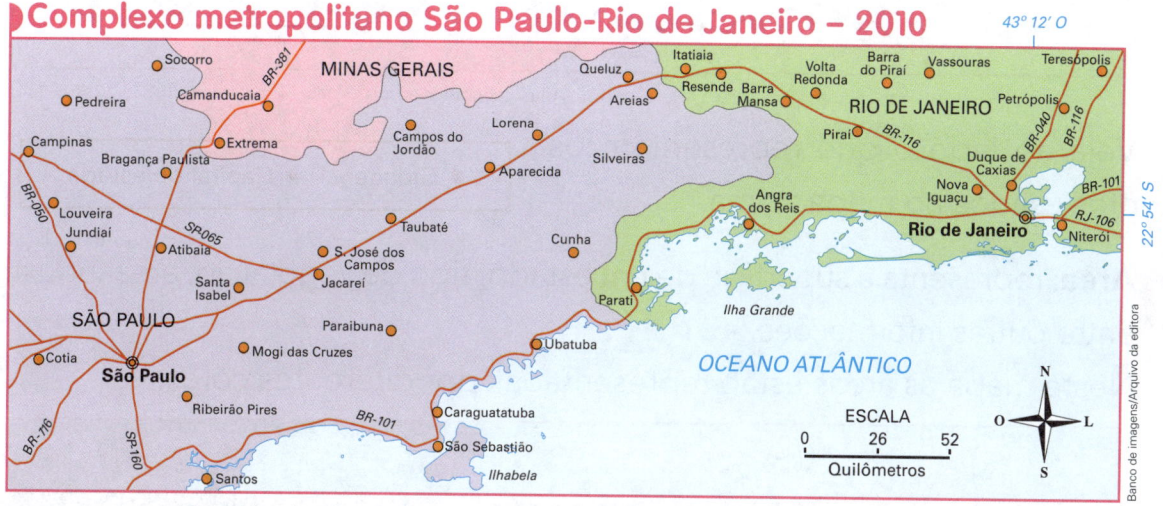

Mapa elaborado pela autora com base em: IBGE. **Atlas geográfico escolar**. 8. ed. Rio de Janeiro: IBGE, 2018. p. 144.

Vamos separar os elementos para você entender melhor o que representam.

- **Linha**: usada para representar rios, contorno de litoral, rodovias, limites de municípios e estados, ferrovias, entre outros.

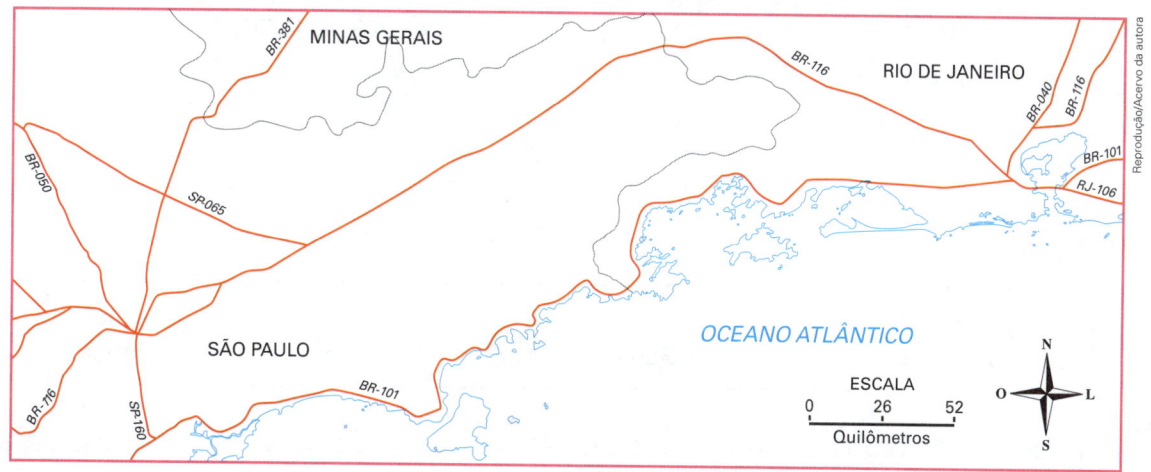

Mapa elaborado pela autora com base em: IBGE. **Atlas geográfico escolar**. 8. ed. Rio de Janeiro: IBGE, 2018. p. 144.

Veja o que representam as linhas usadas no mapa acima.

— Rodovia   — Limite de estado   — Contorno do litoral

- **Ponto**: usado para representar cidades e capitais de estado, entre outros.

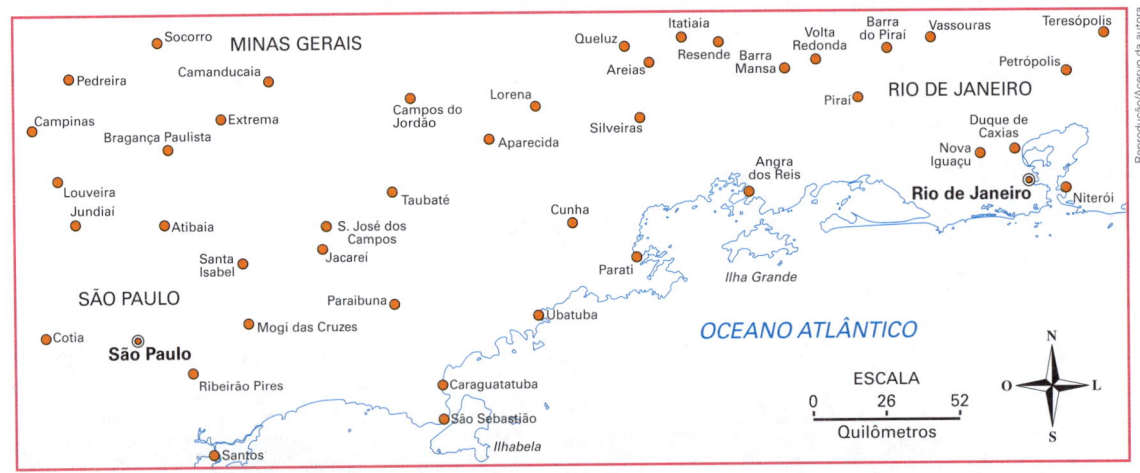

Mapa elaborado pela autora com base em: IBGE. **Atlas geográfico escolar**. 8. ed. Rio de Janeiro: IBGE, 2018. p. 144.

Veja ao lado o que representam os pontos usados no mapa acima.

- **Área**: representa a superfície de um estado, tipo de vegetação, área industrial, entre outras informações.

Neste mapa as áreas estão representadas por diferentes cores.

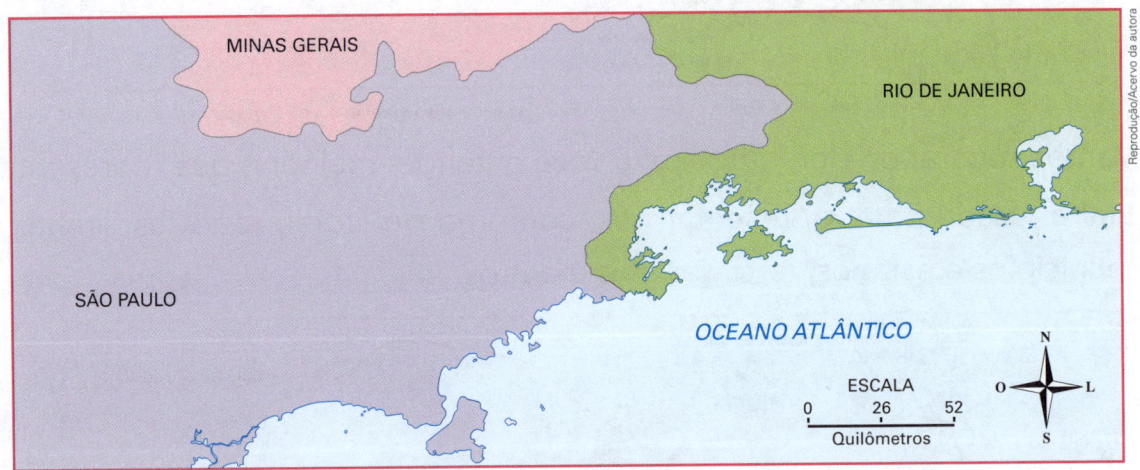

Mapa elaborado pela autora com base em: IBGE. **Atlas geográfico escolar**. 8. ed. Rio de Janeiro: IBGE, 2018. p. 144.

Veja o que representam as áreas coloridas no mapa acima.

1. Observe um mapa do município ou estado onde você vive. Localize nesse mapa os três elementos que você acabou de aprender (linha, ponto e área).

2. No mapa da atividade 1, identifique dois lugares que você conhece ou de que ouviu falar e indique os elementos utilizados para representá-los.

Trabalhando a legenda e o alfabeto cartográfico

Como você estudou, a linha, o ponto e a área representam informações do espaço geográfico. A legenda explica quais são essas informações que aparecem nos mapas.

Reveja abaixo o mapa da página 31, agora com a legenda completa.

Complexo metropolitano São Paulo-Rio de Janeiro – 2010

Mapa elaborado pela autora com base em: IBGE. **Atlas geográfico escolar**. 8. ed. Rio de Janeiro: IBGE, 2018. p. 144.

LEGENDA

◉ Capital de estado

● Cidade

—— Rodovia

—— Limite de estado

—— Contorno do litoral

▨ Estado de São Paulo

▨ Estado do Rio de Janeiro

▨ Estado de Minas Gerais

▢ Oceano Atlântico

1 Escreva como estão representados no mapa:

a) a rodovia BR-116 – _____

b) a cidade de Petrópolis – _____

c) o estado do Rio de Janeiro – _____

2 O mapa apresenta trechos de áreas de três estados brasileiros. Quais são eles?

_____

3 No mapa estão representadas capitais de estado. Quais são elas?

_____

4 Observe este mapa do Brasil e depois responda às questões.

Sugestão de...
Site

IBGE (7 a 12 anos).
Disponível em:
<http://7a12.ibge.gov.br>.
Acesso em: 17 out. 2017.

Brasil: divisão política – 2018

Elaborado com base em:
IBGE. **Brasil em números**.
Rio de Janeiro: IBGE, 2018.
p. 59.

a) O que representam os pontos? _____

b) Que informações estão representadas pelas linhas? _____

_____

c) E por áreas? _____

d) Agora faça, no espaço abaixo, uma legenda para esse mapa.

LEGENDA

e) Anote o nome do estado onde você mora e o nome da capital dele.

_____

f) Anote o nome dos estados que são vizinhos do estado onde você mora.

_____

5 Nos mapas pictóricos as informações são representadas por figuras, como você já viu na página 20. Relembre como são os mapas pictóricos vendo o exemplo abaixo.

Acervo da autora/Arquivo da editora

Área Indígena de Carapanã

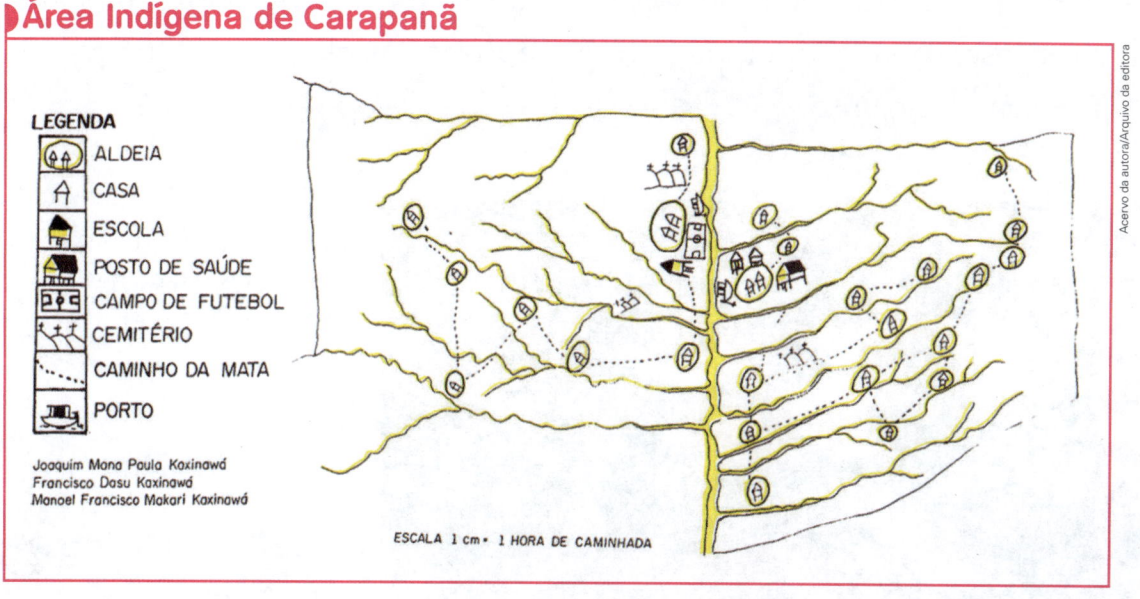

SPYER, Márcia; GAVAZZI, Renato A. (Org.). **Geografia indígena**. Rio Branco: Comissão Pró-Índio – Setor de Educação, 1992. p. 16.

a) Nesse mapa as informações principais estão representadas por figuras. De que outra forma você poderia representar essas informações?

b) Com a orientação do professor, reúnam-se em grupos. Elaborem uma nova legenda sem utilizar figuras pictóricas e façam um novo mapa.

LEGENDA

Construção da legenda

Você já viu que para fazer uma planta ou um mapa temos de tomar como base fotos aéreas na visão vertical, imagens de satélite ou imagens de VANT. Depois, escolhemos as informações que são mais importantes nas imagens para representá-las. Podemos também agrupar os elementos que pertencem a um mesmo conjunto.

Observe as imagens abaixo.

Imagem aérea oblíqua tirada por VANT. Pereiras, no estado de São Paulo, 2017.

Imagem de satélite na visão vertical. Pereiras, no estado de São Paulo, 2017.

Para fazer a representação dessa imagem na visão vertical, primeiro vamos agrupar os elementos presentes nela: casas, escola, árvores, ruas, entre outros. Depois, faremos o desenho.

Observe abaixo os agrupamentos que podemos fazer para construir a legenda.

Elementos da foto	Características comuns	Cores dos grupos
Casas, escola, piscina, laterais do campo de futebol.	Construção.	
Árvores, grama, gramado do campo de futebol.	Vegetação.	
Rua, caminho.	Rua.	

A representação ficará assim:

LEGENDA

Construção Vegetação Rua

Representação com base na imagem de satélite. Pereiras, no estado de São Paulo, 2017.

Banco de imagens/Arquivo da editora

1 Agora é a sua vez de fazer uma representação, com base na imagem de satélite abaixo. Use como referência os agrupamentos da página anterior.

Fotografia aérea vertical de Natal, no estado do Rio Grande do Norte, 2016.

a) Selecione os elementos que aparecem na imagem de satélite acima e agrupe os de acordo com suas características comuns. Faça as anotações no quadro da página ao lado.

b) Escolha as cores que você vai usar para representar cada um dos grupos.

2 Em uma folha de papel vegetal, faça uma representação da imagem acima. Depois, cole sua representação na página ao lado. Lembre-se de colocar título e legenda.

Elementos da foto	Características comuns	Cores dos grupos
_____	_____	
_____	_____	
_____	_____	

Título: _____

LEGENDA

O mapa abaixo mostra aspectos da economia do estado do Paraná, representados por figuras pictóricas. Observe-o com atenção.

Paraná: economia – 2016

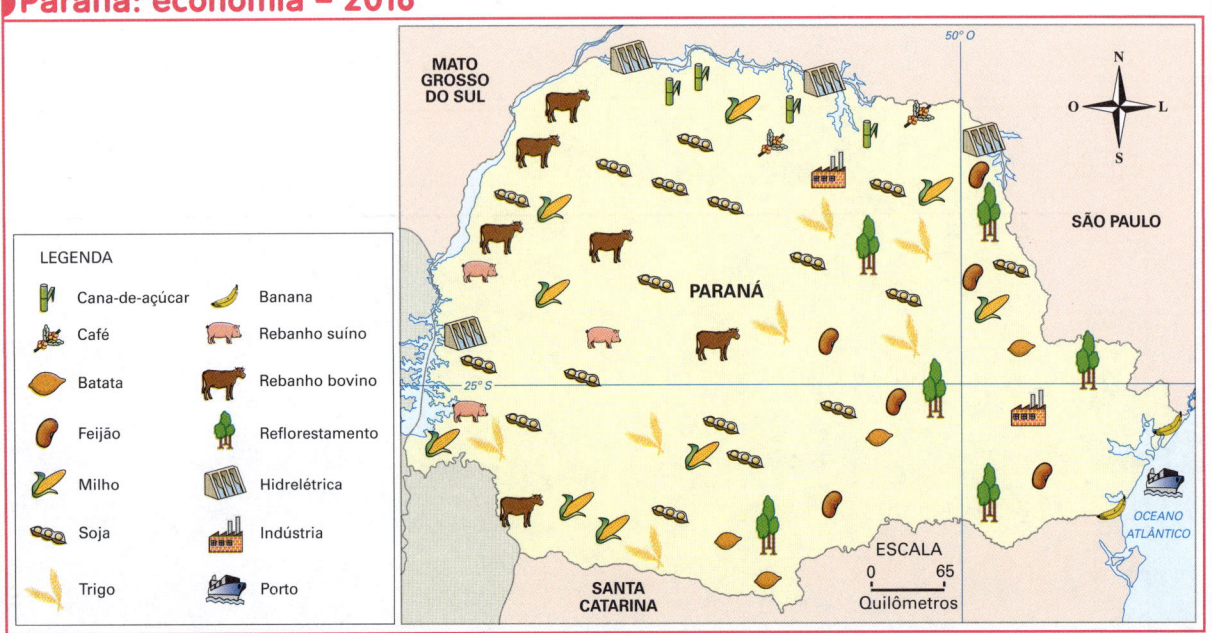

Mapa elaborado pela autora com base em: IBGE. **Atlas geográfico escolar**. 8. ed. Rio de Janeiro: IBGE, 2018. p. 125-130.

- Que tal representar no mapa abaixo essas informações de outra forma? Com o professor, faça agrupamentos e defina uma nova legenda para ele.

Paraná: economia – 2016

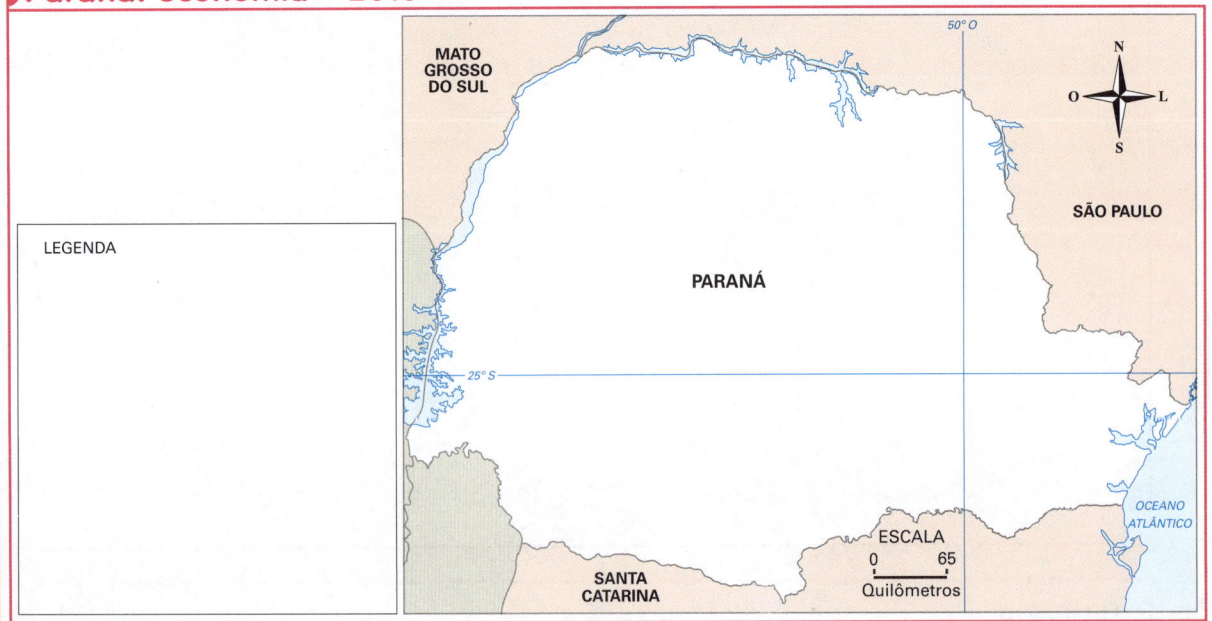

Mapa elaborado por _____ com base em: IBGE. **Atlas geográfico escolar**. 8. ed. Rio de Janeiro: IBGE, 2018. p. 125-130.

Orientação geográfica e escala

Você já estudou que para ler e entender um mapa é preciso conhecer o alfabeto cartográfico e compreender a legenda. Mas para ler e entender um mapa você também precisa aprender sobre **orientação geográfica**, **proporção** e **escala**.

É importante saber se **localizar** nos lugares. Para isso você precisa aprender a orientação geográfica.

Vamos relembrar algumas noções que você provavelmente já conhece.

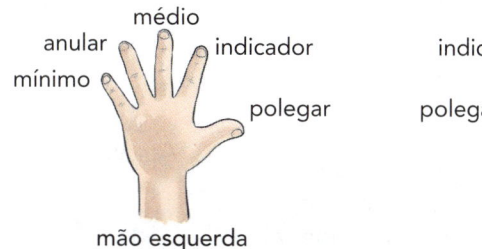

mão esquerda

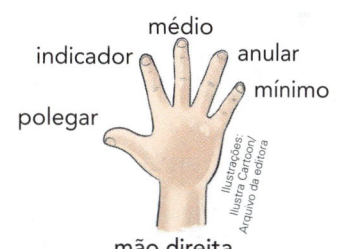

mão direita

Ilustrações: Ilustra Cartoon/Arquivo da editora

1 Olhe para a sua mão aberta e responda:

a) Qual dedo está entre o polegar e o médio? _____

b) Qual está ao lado do dedo mínimo? _____

c) Qual está mais longe do polegar? _____

2 Agora, faça o mesmo que a menina das ilustrações abaixo.

a) Você está no centro da sala de aula olhando para o fundo. Anote o que está ao seu redor.

b) Você continua no centro da sala, mas agora olhando para a lousa. Anote o que está ao seu redor.

atrás de mim

à minha frente

à minha direita

à minha esquerda

à minha frente

Ilustrações: Cláudio Chiyo/Arquivo da editora

à minha esquerda

à minha direita

atrás de mim

c) As coisas mudaram de lugar? Explique.

Assim também aprendo

Esta garota quer ensinar você a dançar **frevo**. Como é muito distraída, não disse se é com a perna direita ou a esquerda que se deve fazer o passo. Você é capaz de descobrir? Complete as frases.

● **frevo:**
ritmo musical e dança popular do estado de Pernambuco. As dançarinas e os dançarinos seguram uma sombrinha aberta e movimentam-na, junto com suas pernas e braços, acompanhando o ritmo musical.

1. Dobre um pouco a perna

_____.

2. Apoie o calcanhar da perna

_____ no chão.

3. Cruze a perna _____

pela frente da perna _____.

4. Apoie o calcanhar da perna

_____.

Ilustrações: Claudio Chiyo/Arquivo da editora

5. Cruze a perna _____

na frente da perna _____.

6. Apoie o calcanhar da perna

_____. E repita os

movimentos nessa sequência.

Elaborado com base em: ARRAIS, Daniela. No passo do frevo. **Folha de S.Paulo**. São Paulo, 17 fev. 2007. Folhinha, p. 4-5.

3 Observe atentamente a localização das pessoas na ilustração ao lado. Depois, responda às questões.

Quem está:

a) em frente ao número 153 da rua Sabiá? _____

b) atrás da mulher grávida? _____

c) mais perto da porta de entrada do número 50 da rua Rosa? _____

_____

d) do lado esquerdo da moça de blusa rosa? _____

e) do lado direito da porta de entrada do prédio número 171 da rua Sabiá?

_____

f) na quadrícula D1? _____

g) na quadrícula B3? _____

h) na quadrícula C2? _____

Orientação pelos pontos cardeais

Você fez atividades com os seus dedos para saber o nome e a posição deles. Depois localizou objetos ou pessoas que estavam ao seu redor na sala de aula. Agora, apresentaremos uma situação um pouco mais complicada: Como se localizar em sua cidade, por exemplo?

Como ir de sua cidade até um lugar mais distante? E que pontos de referência usar nesse caso? Qual a **orientação geográfica**?

Há vários equipamentos que facilitam a nossa localização e permitem a orientação, como a bússola e o GPS (Sistema de Posicionamento Global). Eles estão cada vez mais presentes no nosso dia a dia, nos celulares, nos carros, entre outros usos. Mas como podemos nos orientar quando não temos esses equipamentos?

O **Sol** é um importante ponto de referência. A partir da posição dele no céu obtemos as direções **norte**, **sul**, **leste** e **oeste**, que são referências universais, ou seja, usadas no mundo todo.

Veja as ilustrações abaixo, que mostram como usar o Sol como referência.

Pela manhã – Sol nascente.

À tarde – Sol poente.

Observe que, nas ilustrações da página ao lado, o braço direito da menina aponta para a direção em que o Sol aparece no horizonte pela manhã. Lá está o **leste**.

O braço esquerdo aponta para a direção em que o Sol desaparece no horizonte no fim da tarde. Lá está o **oeste**.

A partir da identificação da direção leste e oeste, é possível descobrir as outras direções cardeais. Observe na ilustração abaixo que à frente da menina está o **norte** e, atrás, o **sul**.

Pela manhã – Sol nascente.

Norte, sul, leste e oeste são os chamados **pontos cardeais**.

Você sabe como os pontos cardeais são representados? Eles são representados por meio de uma figura chamada **rosa dos ventos**.

Muitas vezes, usamos abreviaturas para indicar esses pontos.

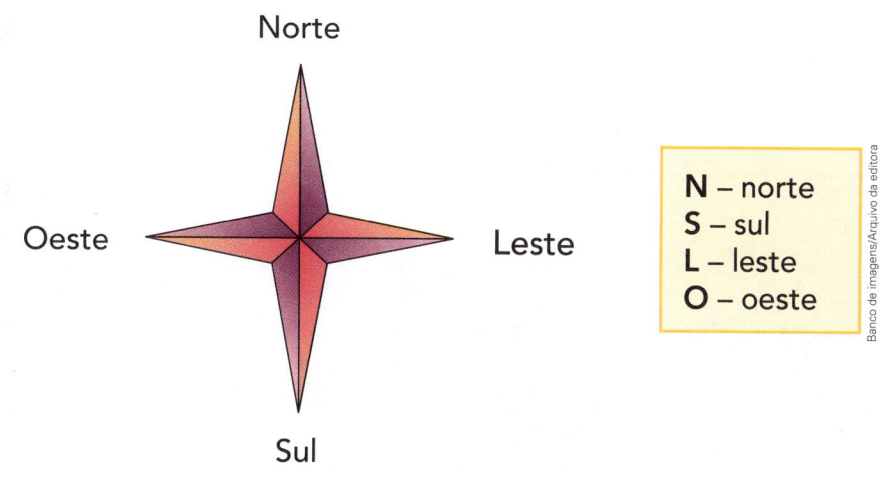

N – norte
S – sul
L – leste
O – oeste

1 Agora, você vai fazer sua rosa dos ventos.

a) Em uma folha de papel vegetal, faça dois traços em forma de cruz com setas nas pontas, conforme a ilustração ao lado.

b) Na rosa dos ventos ao lado, escreva por extenso o nome dos pontos cardeais.

c) Recorte a sua rosa dos ventos.

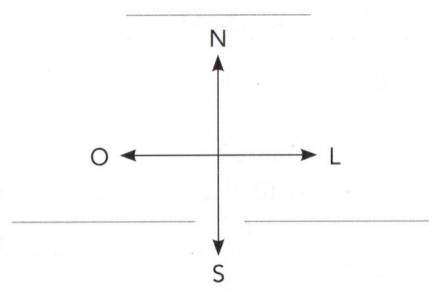

2 Desenhe uma lagoa bem no centro de uma folha de papel sulfite.

a) Coloque sobre a lagoa a rosa dos ventos que você recortou e desenhe:

- uma floresta ao norte;
- uma estrada ao sul;
- casas a leste;
- plantações a oeste.

b) Para terminar, desenhe uma rosa dos ventos no canto da folha.

3 Você sabia que podemos usar o GPS e a bússola para nos orientar à noite e nos dias em que não há Sol?

Que tal construir uma bússola e descobrir como esse instrumento funciona? Para isso, você vai precisar de: uma agulha de costura, um ímã, um copo com água e uma rolha. Veja como fazer.

a) Peça a um adulto que corte uma fatia da rolha para você.

b) Depois, o adulto deverá esfregar o ímã, com cuidado, por toda a agulha.

c) Cole a agulha no meio da rolha e coloque-a no copo com água.

d) Vire o copo para a esquerda e para a direita. Observe que a agulha aponta sempre para a mesma direção (**norte**).

> **ATENÇÃO!**
> Realize esta experiência com a supervisão de um adulto.

Foto de bússola. Este instrumento permite localizar com precisão qualquer direção.

As imagens não estão representadas em proporção.

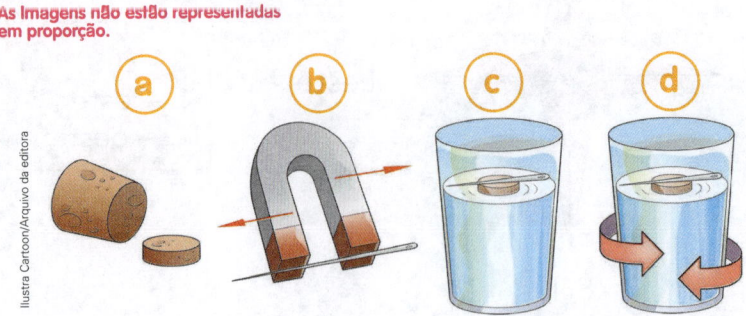

Ilustra Cartoon/Arquivo da editora

Gabor Nemes/kino.com.br

4 Vamos trabalhar agora com um mapa pictórico do Brasil e a rosa dos ventos.

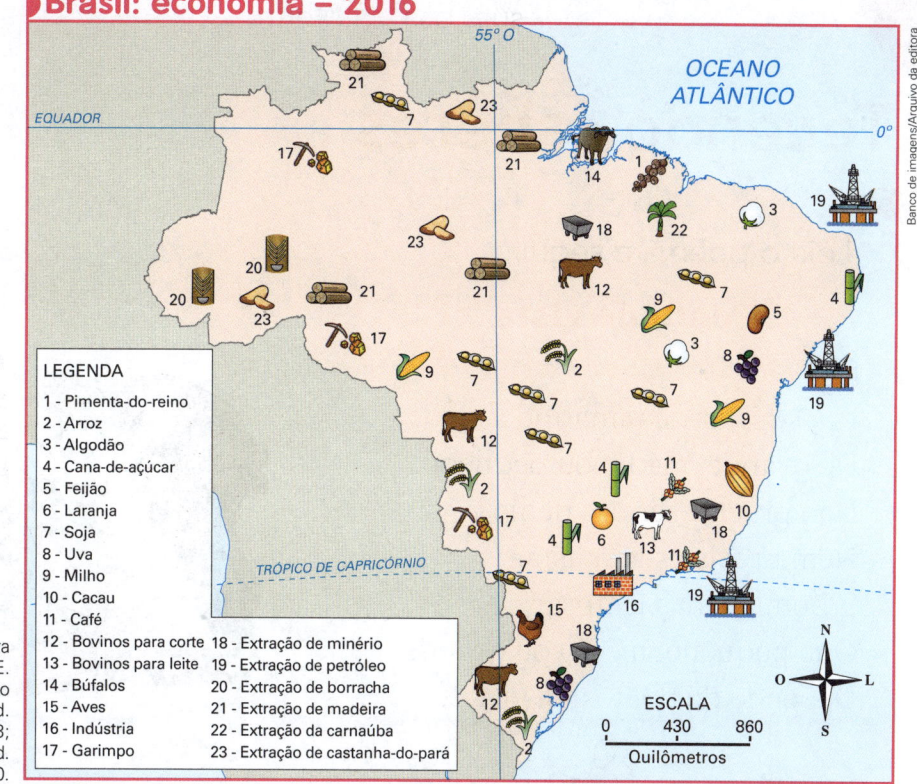

Banco de imagens/Arquivo da editora

Mapa elaborado pela autora com base em: IBGE. **Atlas geográfico escolar**: Ensino Fundamental 6º ao 9º ano. 2. ed. Rio de Janeiro: IBGE, 2010. p. 32-33; IBGE. **Atlas geográfico escolar**. 8. ed. Rio de Janeiro: IBGE, 2018. p. 126-130.

Responda às questões, anote cada letra no quadrinho correspondente e descubra a palavra.

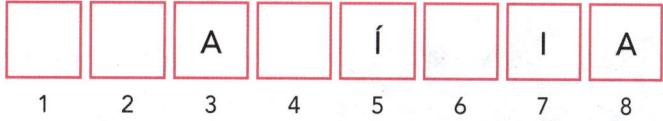

		A		Í		I	A
1	2	3	4	5	6	7	8

- Onde há extração de petróleo no Brasil? Anote a primeira letra desse ponto cardeal no quadrinho 6.

- Que importante produto agrícola é cultivado em áreas centrais do país? Anote a primeira letra do nome desse produto no quadrinho 4.

- Qual é a criação de animais que só aparece no norte do Brasil? Anote a primeira letra do nome desse tipo de criação no quadrinho 1.

- Qual é o produto agrícola cultivado no extremo sul do Brasil? Anote a segunda letra do nome do produto no quadrinho 2.

Minha coleção de palavras em Geografia

O petróleo é um dos produtos da economia brasileira.

PETRÓLEO

O que é petróleo? Para que ele é utilizado?

Tecendo saberes

Leia o poema a seguir.

Ponto de vista

[...]
Pra se falar de tamanho,
De grande, médio ou pequeno,
Não precisa ser um gênio
Nem precisa ser artista,
É bom apenas lembrar
Que pequeno, médio ou grande
Depende de pontos de vista!

Direção, do mesmo modo,
Muda quando nós mudamos.
A direita vira esquerda
No instante em que viramos!
[...]

À direita vejo um bosque,
À esquerda uma lagoa,
Logo acima vejo o céu,
Sob os pés a terra boa!
[...]

Ilustrações: Ilustra Cartoon/Arquivo da editora

Mas, se viro de repente,
Tudo muda desde o início!
O que estava à minha esquerda
À direita está agora,
Tudo ficou diferente,
Tudo girou sem demora!
[...]

E é muito bom que existam
O norte, sul, leste, oeste,
Pois estes, mesmo que eu vire
E troque de posição,
Mesmo que eu dê piruetas,
Dão a exata direção!

São os pontos cardeais
E não se alteram jamais!...

FORJAZ, Sonia Salerno. **Ponto de vista**. São Paulo: Moderna, 2014. p. 20, 22, 25-26, 30-31.

1 Agora você vai escrever o seu poema.

a) Escolha uma posição para ficar e observe o que há à sua esquerda e à sua direita.

b) Depois, mude de posição e observe o que há em cada lado.

c) Escreva em uma folha à parte uma estrofe sobre o que você viu: o seu ponto de vista. Depois, leia para a classe.

2 Agora você vai observar a trajetória do Sol.

a) No início da aula, vá com o professor e os colegas a um lugar, ao ar livre, na escola. Observe onde o Sol está.

b) Indique a "posição" do Sol desenhando uma seta com giz no chão ou sobre um papel pardo esticado no chão. Faça o mesmo com a sombra do seu corpo, indicando a posição dela com uma seta tracejada.

c) No final da aula, observe novamente onde o Sol e a sua sombra estão e responda:

- O que aconteceu com eles?

- Por que se formou uma sombra?

- O que aconteceu com a sombra no decorrer do dia?

3 Na quadra ou no pátio da escola, aponte seu braço direito na direção em que o Sol aparece e encontre a direção dos pontos cardeais. Depois, com um giz, indique no chão os pontos cardeais e anote o que existe na escola nas direções norte, sul, leste e oeste.

Proporção e escala

Ao ir de um lugar a outro, percorremos **distâncias**. Para ir da sua moradia até a escola, por exemplo, você percorre certa distância. Vamos medir as distâncias e depois aprender sobre **proporção** e **escala**.

Sugestão de...
Livro

Minha mão é uma régua, de Kim Seong--Eun. São Paulo: Callis, 2009.

1 Juca e Beto estudam na mesma classe e vão a pé para a escola, pois moram bem perto dela. Um dia, combinaram de contar quantos passos cada um deles dava para ir da porta de casa até o portão da escola.

Juca Beto

Quando se encontraram, contaram o que descobriram.

a) Qual dos dois meninos mora mais longe da escola?

_____

b) Como você descobriu isso?

_____

_____

2 Na atividade anterior, Juca e Beto mediram distâncias com passos. Como podemos medir espaços menores e objetos? Veja nas fotografias abaixo algumas maneiras de obter essas medidas. Depois, faça ao lado delas a sua representação.

a) O livro pode ser medido com o dedo.

Representação do meu livro

Um dedo equivale a um lado do quadradinho na representação ao lado.

b) A carteira pode ser medida com o palmo.

Representação da minha carteira

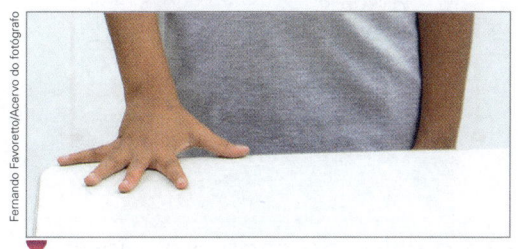

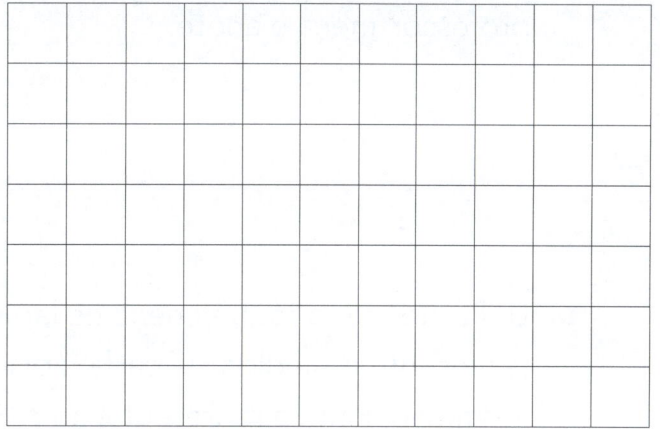

Um palmo equivale a um lado do quadradinho na representação ao lado.

c) Os lados da sala de aula podem ser medidos com os pés.

Representação da minha sala de aula

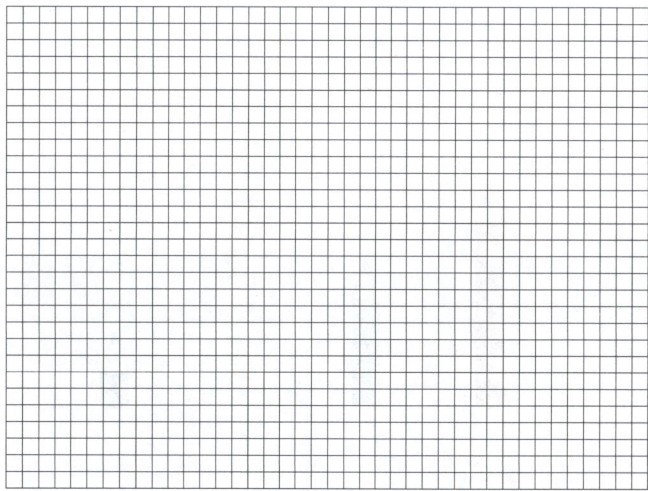

Um pé equivale a um lado do quadradinho na representação ao lado.

3 Podemos usar a régua para medir a altura, o comprimento e a largura de vários objetos.

a) Veja os dois barbantes e as duas réguas (em centímetros).

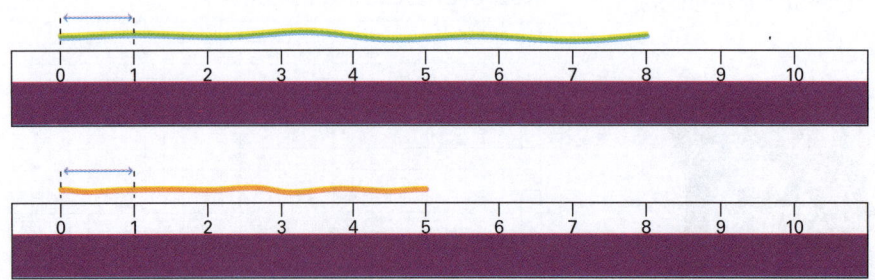

- Quanto mede o barbante verde? E o laranja?

_____

b) A altura dessas crianças foi medida em centímetros. Você sabe qual é a sua altura em centímetros? Com a ajuda do professor, meça e anote.

_____

_____

_____

c) Utilizando uma régua, meça os lápis e anote o valor de cada um. Depois, represente a medida de cada lápis no gráfico, como foi feito com o lápis vermelho. Pinte a representação com a cor correspondente.

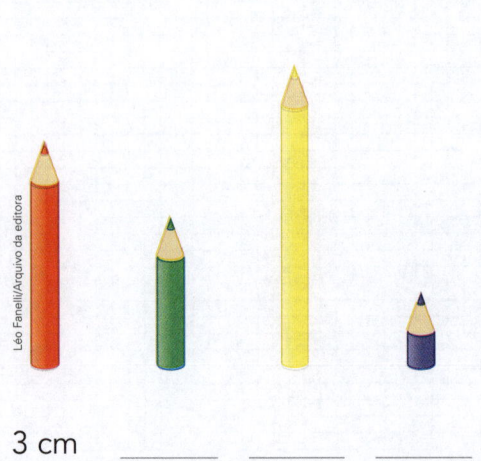

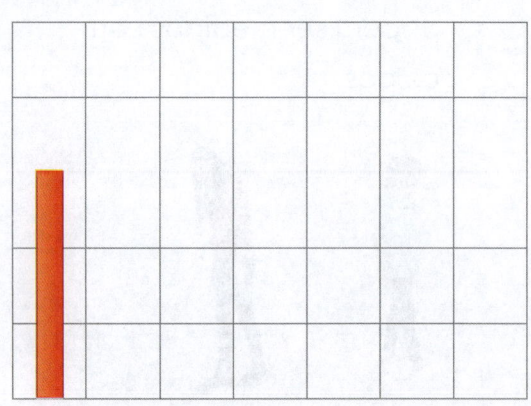

3 cm   _____   _____   _____

Cada lado de um quadradinho tem 1 centímetro.

d) Agora, com a régua, meça sua borracha, seu caderno, um lápis e uma caneta. Anote as medidas em centímetros e represente-as na malha quadriculada.

Lembre-se: 1 lado do quadradinho = 1 cm.

Medidas

- Borracha: _____

- Caderno: _____

- Lápis: _____

- Caneta: _____

Representação

Borracha

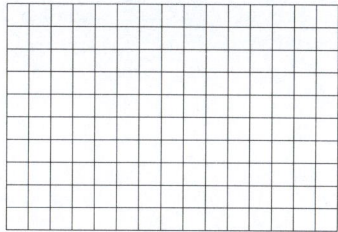

Caderno

Lápis

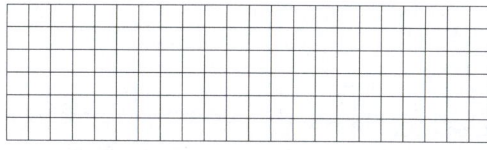

Caneta

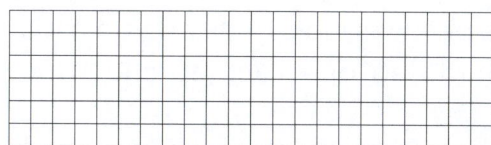

O que estudamos

Eu escrevo e aprendo

Nesta atividade você vai utilizar a **linguagem escrita** para retomar o que estudou na unidade. Escreva abaixo uma frase sobre o que você estudou em cada capítulo.

Capítulo 1 – Construindo mapas

_____

_____

_____

Capítulo 2 – Ler e entender mapas

_____

_____

_____

Minha coleção de palavras em Geografia

Em cada capítulo desta unidade há uma palavra destacada para a sua coleção de palavras em Geografia. São palavras comuns em textos de Geografia e vão ajudar você a compreender melhor todos eles. Reveja essas palavras ao lado.

MAPA-MÚNDI, página 29.

PETRÓLEO, página 47.

1. O que você aprendeu com essas duas palavras? Converse com os colegas e o professor.

2. Em um quadro no caderno, escreva essas duas palavras e o significado de cada uma delas. O significado deve estar relacionado ao que você aprendeu no capítulo.

Eu desenho e aprendo

Nesta atividade você vai utilizar a **linguagem gráfica** para retomar o que estudou na unidade. Desenhe abaixo o que você considerou mais importante em cada capítulo. Se preferir, faça uma colagem.

Capítulo 1 – Construindo mapas

Capítulo 2 – Ler e entender mapas

Hora de organizar o que estudamos

Diferentes visões

- De frente. - Oblíqua. - Vertical.

Ilustrações: Ilustra Cartoon/Arquivo da editora

Representações gráficas

- Direta: quando desenhamos o que vemos à nossa frente no espaço real.

- Indireta: quando desenhamos com base em uma foto ou uma pintura.

- Imaginária: quando desenhamos a paisagem de um lugar onde nunca estivemos ou que existe apenas na nossa imaginação.

Diferentes maneiras de nos orientarmos

- Pela bússola.
- Pelo GPS.
- Pelo Sol.

Cláudio Chiyo/Arquivo da editora

Componentes básicos dos mapas

- Alfabeto cartográfico (linhas, pontos e áreas).

- Legenda.

LEGENDA
- ◉ Capital de estado
- ● Cidade
- — Estrada
- — Limite de estado
- — Contorno do litoral
- ▢ Estado de São Paulo
- ▢ Estado do Rio de Janeiro
- ▢ Estado de Minas Gerais
- ▢ Oceano Atlântico

- Orientação geográfica (pontos cardeais: norte, sul, leste, oeste).

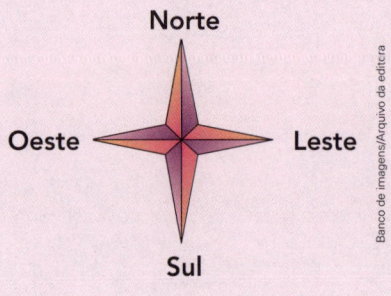

Norte

Oeste — Leste

Sul

Banco de imagens/Arquivo da editora

- Proporção/escala.

Diferentes tipos de representação

Imagem de satélite.

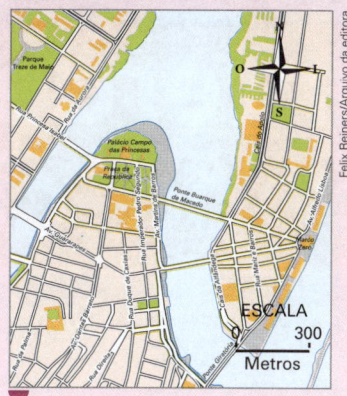
Planta.

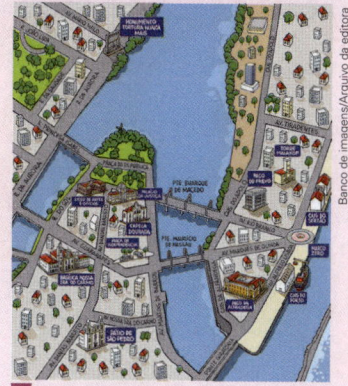
Planta pictórica.

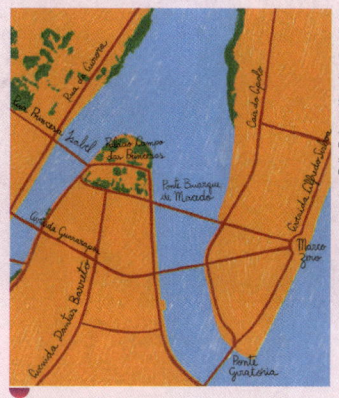
Croqui cartográfico.

Foto aérea oblíqua.

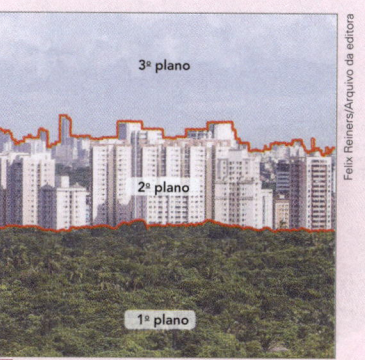
Representação em planos.

Mapa de 1626.

Pintura do século XIX.

Para você refletir e conversar

- Qual assunto você achou mais importante nesta unidade? E qual achou mais difícil de entender?

- O que você acha que aconteceria se as pessoas não soubessem se localizar?

- Qual é a importância de aprendermos a ser mapeadores?

2

A interdependência campo-cidade

- Observando essas duas cenas, o que é produzido no campo e depois é consumido na cidade?

- E a cidade, o que oferece ao campo?

- E no município onde você mora, o que a cidade oferece ao campo?

3 Organizando o espaço

Qual profissão você gostaria de exercer quando for adulto?

Para iniciar

Leia a história em quadrinhos abaixo.

FOOT, Newton. História em quadrinhos produzida para esta coleção, 2014.

1 Quais profissões foram citadas na história em quadrinhos? Você sabe o que esses profissionais fazem? Com o professor, faça a lista na lousa.

2 As atividades desses profissionais são exercidas no campo ou na cidade?

O trabalho no campo e na cidade

Em cada profissão são empregados conhecimentos e ferramentas específicos.

O agricultor, por exemplo, conhece o solo e as técnicas de plantio. Ele pode usar técnicas manuais no plantio e na colheita, além de ferramentas, como o arado. Outros agricultores podem ainda utilizar alta **tecnologia** na produção, com o emprego de máquinas modernas (algumas equipadas com GPS), seleção de sementes, entre outras técnicas e equipamentos. Por meio do trabalho e da tecnologia, ambos estão modificando o espaço em que vivem.

> **tecnologia:** conjunto de conhecimentos técnicos e científicos usado nas atividades humanas.

As profissões geralmente estão ligadas a uma atividade econômica e possuem um conjunto de conhecimentos próprios.

As atividades econômicas podem ser agrupadas em setores. Observe.

Setor primário	**Setor secundário**	**Setor terciário**
Atividades ligadas à agricultura, à pecuária e ao extrativismo.	Atividades de transformação de matéria-prima em produtos, mercadorias ou bens de consumo.	Atividades de comércio e prestação de serviços (escolas, hotéis, hospitais, bancos, etc.).

Plantação de café em Pancas, no estado do Espírito Santo, 2019.

Indústria automobilística em São José dos Pinhais, no estado do Paraná, 2015.

Supermercado em São Paulo, no estado de São Paulo, 2019.

As pessoas que trabalham nessas atividades estão principalmente no campo.

Muitas das atividades industriais são realizadas na cidade.

As pessoas que trabalham nessas atividades estão principalmente na cidade.

1 Com um colega, identifique na ilustração as atividades econômicas. Depois, preencham o quadro de acordo com o setor a que pertencem.

Setor primário	Setor secundário	Setor terciário

2 Retome as profissões citadas por você e pelos colegas na atividade do início do capítulo, na página 60, e anote a quais setores pertencem. Depois, oralmente, compare as características de cada tipo de trabalho.

Setor primário	Setor secundário	Setor terciário

3 Agora, com o professor e os colegas, discuta exemplos de atividades econômicas desenvolvidas no lugar onde você mora. Depois, escreva uma frase para cada setor.

a) Primário: _____

b) Secundário: _____

c) Terciário: _____

4 Procure duas fotos em jornais e revistas ou faça dois desenhos que mostrem pessoas em alguma atividade profissional, sendo uma do campo e a outra da cidade. Cole cada foto ou desenho nos quadros abaixo e crie um pequeno texto comparando as atividades representadas e o setor a que pertencem.

_____

_____

_____

_____

_____

_____

• Que atividade econômica predomina no município onde você mora?

_____

_____

5 Leia o texto a seguir.

A vila do Coroatá

Para quem já tinha viajado pelo mundo, a vila do Coroatá devia ser feia, atrasada e pobre. Mas para mim, que tinha vindo da pequenice do povoado, foi um verdadeiro **deslumbramento**.

As quatro ou cinco ruas, com a maioria de casas de telha; os três ou quatro sobradinhos; as casas comerciais, sempre cheias de mercadorias e de gente; as missas aos domingos; a banda de música de dez figuras; as procissões de raro em raro, eram novidades que me deixaram maravilhado.

● **deslumbramento:** estado de encantamento e admiração.

CORREA, Viriato. **Cazuza**. São Paulo: Companhia Editora Nacional, 2010. p. 73.

a) Por que o personagem do texto ficou deslumbrado com a vila?

_____

_____

_____

_____

b) Que motivos podem ter levado o personagem a sair do povoado e mudar-se para a vila do Coroatá?

_____

_____

_____

c) Qual é a atividade econômica realizada na pequena vila citada no texto?

_____

d) Quais atividades econômicas poderiam ser realizadas no povoado de onde vinha o personagem que chegou à vila do Coroatá?

_____

_____

e) Desenhe no quadro da página ao lado a vila do Coroatá com as características citadas no texto. Depois, faça uma legenda para descrever as diferentes construções e as atividades realizadas na vila.

f) Imagine que o tempo passou e que a vila do Coroatá se transformou em uma cidade industrial por meio do trabalho e da tecnologia. Escreva o nome de algumas novas atividades econômicas que, em sua opinião, poderiam surgir nessa cidade industrial.

_____

_____

_____

_____

_____

6 Como você estudou, no setor terciário estão atividades de prestação de serviços, como escolas e hospitais. Nesta atividade, você vai fazer uma pesquisa sobre **serviços públicos**.

a) Pesquise os principais serviços públicos criados para atender à população da cidade onde se localiza a escola. Verifique essas informações na internet, em jornais ou na prefeitura. Faça suas anotações no caderno.

b) Com a orientação do professor, faça na lousa uma lista com os serviços que você pesquisou. Seus colegas farão o mesmo. Procure saber:

- Quais serviços precisam ser melhorados?

- Quais serviços atendem à população idosa? Entre eles, há serviços direcionados ao bem-estar e à valorização dos idosos?

7 Com a orientação do professor, você e seus colegas farão um passeio pelos arredores da escola. Depois, em grupos, construirão maquetes a partir do que viram. Para a realização desta atividade, siga as etapas abaixo. Leve um caderno para fazer anotações.

a) Observe atentamente os elementos naturais e culturais da paisagem e sua localização.

b) Anote tudo o que você observar durante o percurso.

c) Na sala de aula, forme um grupo com alguns colegas. Construam uma maquete do trajeto percorrido, representando nela os elementos observados durante o passeio. Usem material reciclável para a confecção da maquete.

d) Lembrem-se de colocar na maquete os serviços públicos observados (hospitais, escolas, creches, etc.).

e) Quando a maquete estiver pronta, observem-na de cima para baixo (visão vertical). Façam então sua representação numa folha de papel avulsa.

Cláudio Chiyo/Arquivo da editora

f) Apresentem o trabalho aos demais colegas de classe.

As unidades político-administrativas

O Brasil é um dos maiores países do mundo em área. Seu território é dividido em unidades que recebem o nome de **estados**, além de um **Distrito Federal**.

Observe o mapa ao lado.

Brasil: divisão política – 2018

Elaborado com base em: IBGE. **Brasil em números**. Rio de Janeiro: IBGE, 2018. p. 59.

1 Quantos estados o Brasil possui? _____

2 No mapa acima, faça o que se pede.

a) Pinte de **vermelho** o estado onde você vive e escreva o nome da capital dele.

b) Pinte de **amarelo** três estados dos quais você já ouviu falar ou que já visitou. Escreva o nome da capital desses estados no mapa.

Minha coleção de palavras em Geografia

O Brasil tem 27 unidades da Federação (26 estados e o Distrito Federal).

DISTRITO FEDERAL

1. O que é Distrito Federal?

2. Observe o mapa e cite o nome de um estado que faz limite com o Distrito Federal e que está situado a leste dessa unidade da Federação.

Os municípios

Os estados são divididos em unidades menores, que recebem o nome de **municípios**. No Brasil, há mais de 5 mil municípios.

1 Observe os mapas abaixo.

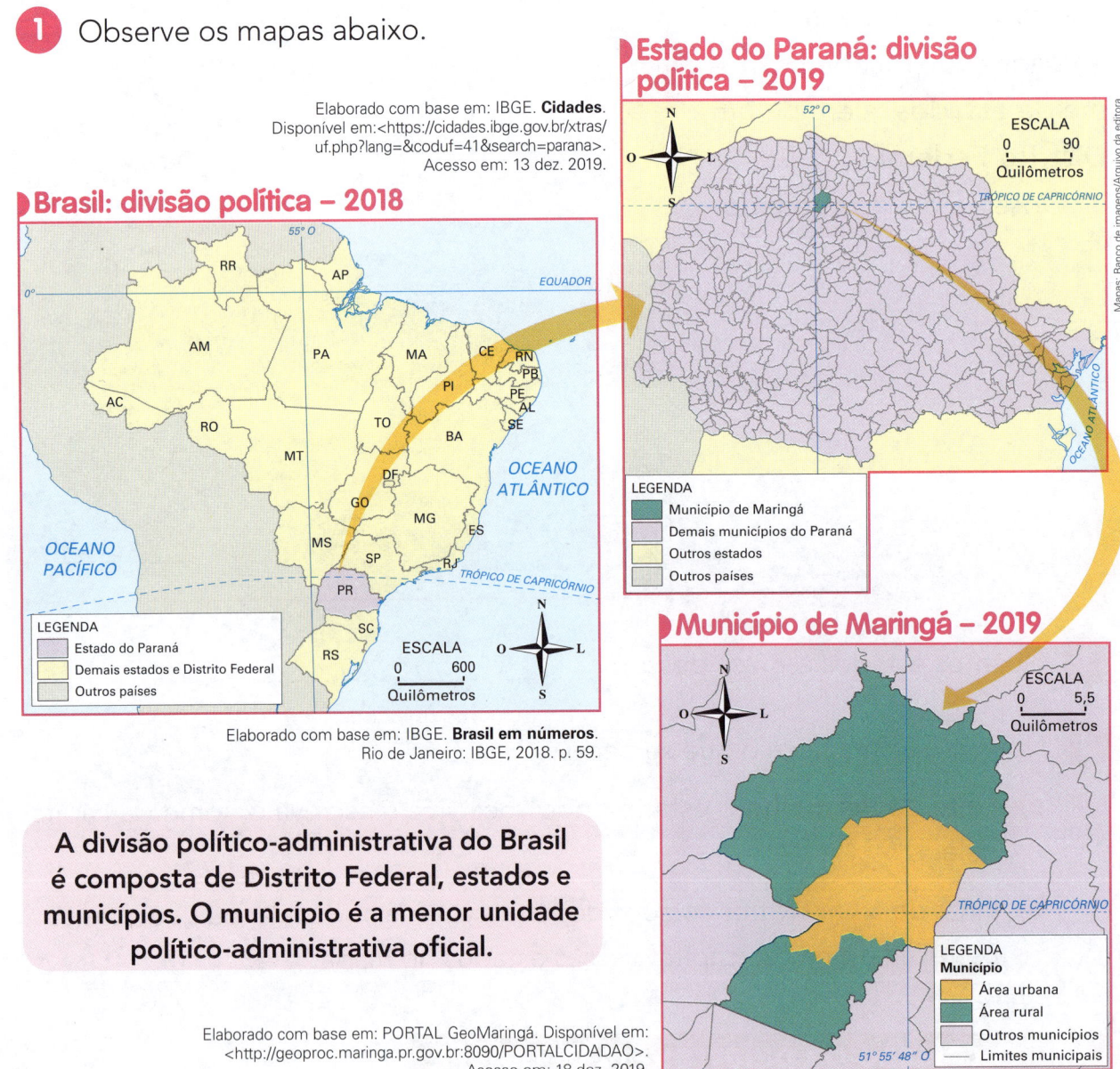

Elaborado com base em: IBGE. **Cidades**. Disponível em:<https://cidades.ibge.gov.br/xtras/uf.php?lang=&coduf=41&search=parana>. Acesso em: 13 dez. 2019.

Elaborado com base em: IBGE. **Brasil em números**. Rio de Janeiro: IBGE, 2018. p. 59.

A divisão político-administrativa do Brasil é composta de Distrito Federal, estados e municípios. O município é a menor unidade político-administrativa oficial.

Elaborado com base em: PORTAL GeoMaringá. Disponível em: <http://geoproc.maringa.pr.gov.br:8090/PORTALCIDADAO>. Acesso em: 18 dez. 2019.

a) Que estado e que município aparecem em destaque nos mapas acima?

_____

b) No mapa do município de Maringá existem duas áreas representadas. Que áreas são essas? Qual delas é a maior?

_____

_____

2 Em geral, os municípios são divididos em duas áreas: a **área urbana** e a **área rural**. Observe os mapas e as fotos. Depois, faça o que se pede.

Área urbana na Zona Oeste do município de São Paulo, 2019.

Área rural na Zona Sul do município de São Paulo, 2017.

Município de São Paulo (SP) – 2014

TRÓPICO DE CAPRICÓRNIO

ESCALA
0 — 18
Quilômetros

LEGENDA
Município
- Área urbana
- Área rural
- Limites municipais

Elaborado com base em: SECRETARIA Municipal de Desenvolvimento Urbano. Plano diretor estratégico do município de São Paulo. **Diário Oficial**, São Paulo, 1º ago. 2014, p. 20.

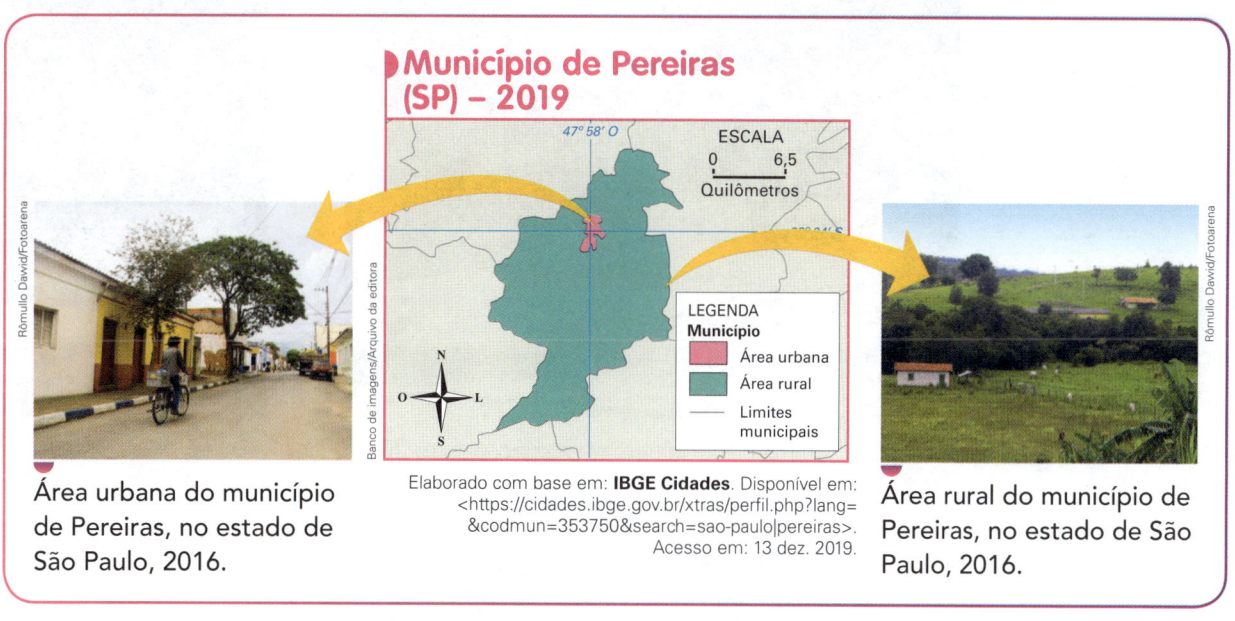

Município de Pereiras (SP) – 2019

ESCALA
0 — 6,5
Quilômetros

LEGENDA
Município
- Área urbana
- Área rural
- Limites municipais

Elaborado com base em: **IBGE Cidades**. Disponível em: <https://cidades.ibge.gov.br/xtras/perfil.php?lang=&codmun=353750&search=sao-paulo|pereiras>. Acesso em: 13 dez. 2019.

Área urbana do município de Pereiras, no estado de São Paulo, 2016.

Área rural do município de Pereiras, no estado de São Paulo, 2016.

a) Com o professor, compare as áreas urbana e rural dos dois municípios representados. Quais as diferenças e as semelhanças entre elas?

b) Em sua opinião, que setor de atividade econômica deve predominar em cada um dos municípios? _____

_____

_____

Tecendo saberes

Vamos conhecer um pouco da área urbana do município de Campinas, no estado de São Paulo? Observe nas fotos as características da área urbana desse município.

Município de Campinas – SP

Mapa elaborado com base em: PREFEITURA de Campinas. Disponível em: <www.campinas.sp.gov.br/governo/servicos-publicos/regioes/>. Acesso em: 13 dez. 2019.

Sol poente

Jardim Maracanã, na região **oeste**, 2017.

Oeste: Bairro de médio padrão, com algumas chácaras. É atendido por todos os serviços públicos e é uma área de crescimento urbano com forte expansão.

Sul: Além do Distrito Industrial, possui bairros populares, e é nessa região que se localiza o Aeroporto Internacional de Viracopos.

Distrito Industrial, na região **sul**, 2017.

Gustavo Magnusson/Fotoarena

Sugestão de...
Vídeo

Urbe. Direção de Rafael Borges. Brasil: produção independente, 2012. (5 min 16 s).

Norte: Nessa região existem bairros populares, como o da foto, bairros com casas de alto padrão em condomínios fechados, muita área verde e boa estrutura de saneamento básico. A Universidade Estadual de Campinas (Unicamp) fica nessa região.

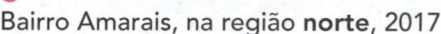

Bairro Amarais, na região **norte**, 2017.

Gustavo Magnusson/Fotoarena

Andréa Moreira de Araújo/Acervo da fotógrafa

Sol nascente

Banco de imagens/Arquivo da editora

Praça Carlos Gomes, inaugurada em 1870, na região central, 2017.

Sousas, na região **leste**, 2014.

Leste: A região é mais conhecida por seu Observatório Municipal. Existem muitos espaços culturais, casas de alto padrão, casas antigas e chácaras.

1 Em grupo, estabeleçam os pontos cardeais da cidade onde vocês moram.

a) Pesquisem as principais características de um bairro de cada região (norte, sul, leste e oeste). Não se esqueçam dos serviços públicos.

b) Com a orientação do professor, calculem a distância aproximada do centro até os limites do município e anotem no mapa que o professor vai providenciar.

2 Em uma cartolina, representem os lugares escolhidos com fotos ou desenhos e anotem as informações pesquisadas. Exponham o trabalho na sala de aula.

Os limites dos municípios

Alguns municípios podem ter como limite uma estrada, um rio, uma serra. Nem sempre, porém, os limites de um município são visíveis na paisagem.

Observe ao lado, por exemplo, o mapa de Maringá e municípios vizinhos.

Algumas vezes o limite entre os municípios ou entre os estados é marcado com sinalizações que podem ser vistas em estradas e ruas, como mostram as fotografias a seguir.

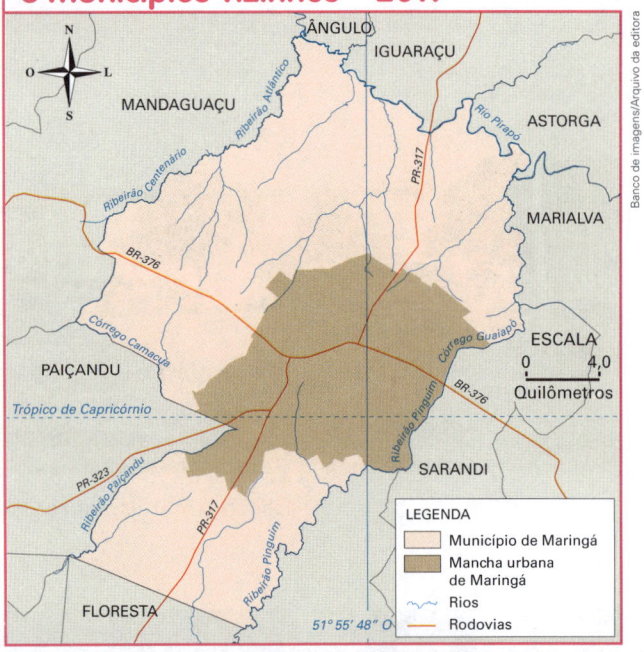

Município de Maringá (PR) e municípios vizinhos – 2019

Elaborado com base em: **IBGE Cidades**. Disponível em: <http://cidades.ibge.gov.br>. Acesso em: 13 dez. 2019.

Limite entre os municípios de Encruzilhada e Cândido Sales, no estado da Bahia, 2016.

Limite entre os municípios de São Paulo e Osasco, no estado de São Paulo, 2016.

1 No mapa, que elemento natural representado é visível na paisagem e faz o limite entre Maringá e os municípios vizinhos? Anote o nome de dois municípios como exemplo.

_____

_____

2 Você já viu sinalizações como essas das fotos? Onde?

_____

O governo dos municípios

Tanto a área urbana quanto a rural estão sob responsabilidade dos governantes dos municípios. É na área urbana que se localiza a sede do município, onde ficam a Prefeitura, a Câmara Municipal e, em alguns municípios, o Fórum.

Veja, a seguir, os poderes responsáveis pela administração do município.

Poder Executivo	**Poder Legislativo**	**Poder Judiciário**

Prefeitura: executa as leis.
Prefeito e vice-prefeito: são escolhidos pelo voto do povo, em eleições que ocorrem a cada quatro anos.
Secretarias municipais: de Educação, Saúde, Segurança, Transportes, etc.
Secretários municipais: são escolhidos pelo prefeito.

Câmara Municipal: elabora as leis.
Vereadores: são escolhidos pelo voto do povo, em eleições que ocorrem a cada quatro anos.

Juízes: analisam e julgam com base nas leis. Não são eleitos pelo voto do povo. Os processos podem ser trabalhistas, criminais, entre outros.

Ilustrações: Ilustra Cartoon/Arquivo da editora

- Converse com os colegas e o professor: Como o Poder Executivo e o Poder Legislativo trabalham em conjunto no município?

Saiba mais

Todo cidadão tem **direitos** garantidos por lei: direito a segurança, moradia, educação e saúde. Cabe à Prefeitura oferecer e manter serviços públicos de qualidade que garantam esses direitos, como escolas, transporte, hospitais e postos de saúde, água encanada, coleta de esgoto, limpeza das ruas e áreas de lazer.

Além dos direitos, os cidadãos têm **deveres** a cumprir: obedecer às leis, proteger o ambiente, escolher os governantes pelo voto, respeitar o patrimônio público, entre outros.

1. Em seu município, todos os cidadãos têm os direitos respeitados? Explique.

2. Todos os cidadãos cumprem seus deveres? Explique.

Terras Indígenas e terras de comunidades quilombolas

Como você estudou, o território brasileiro é dividido em estados com vários municípios. No entanto, existem áreas do Brasil que são ocupadas por povos indígenas e comunidades quilombolas, antes mesmo de o país ser organizado em estados e municípios como conhecemos atualmente.

O governo federal vem criando áreas exclusivas para preservar os direitos desses povos e comunidades e seu modo de vida.

As **Terras Indígenas** são territórios legalmente demarcados pelo Estado brasileiro, que tem a obrigação de protegê-las e impedir que sejam ocupadas por não indígenas.

No Brasil, existem hoje quase 900 mil indígenas, pertencentes a diferentes povos, distribuídos pelos 26 estados e o Distrito Federal. Eles vivem tanto em Terras Indígenas quanto fora delas.

Observe os gráficos abaixo.

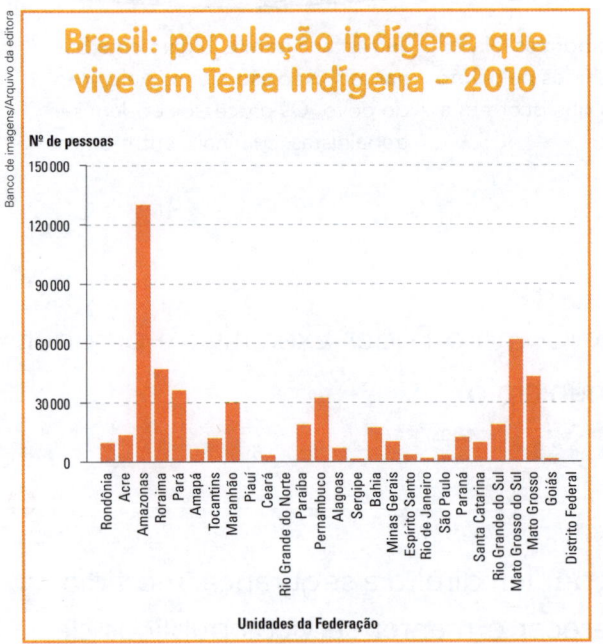

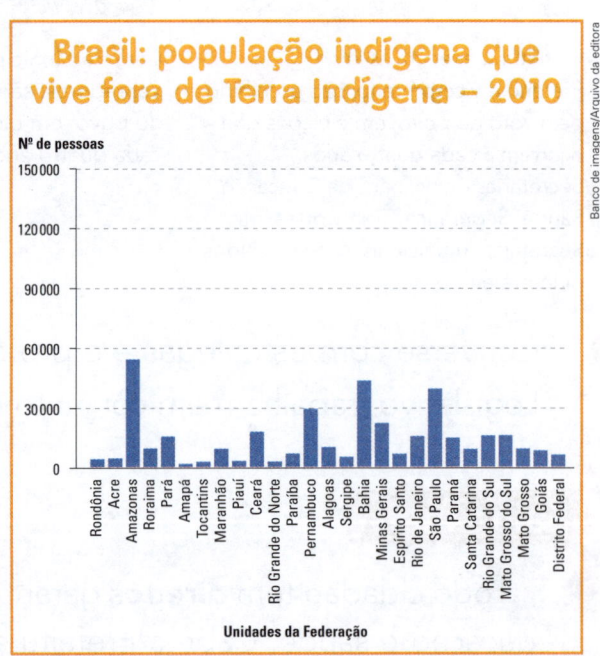

Gráficos elaborados pela autora com base em: IBGE. **Censo Demográfico 2010** – Características gerais dos indígenas. Tabela 2.1. Rio de Janeiro: IBGE, 2012. p. 169.

As terras que hoje reconhecemos como de **comunidades quilombolas** são terras que foram ocupadas por negros escravizados que fugiam do trabalho forçado, buscando liberdade. Hoje em dia essas terras são ocupadas por seus descendentes.

Atualmente, o Brasil possui 168 comunidades quilombolas tituladas, ou seja, que receberam o título dessas terras e passaram a ter o direito de utilizá-las e, assim, manter seu modo de vida. Essas terras não podem ser vendidas e devem ser utilizadas apenas por essas comunidades, mantendo-se preservadas para as futuras gerações.

Observe na tabela abaixo a distribuição das terras de comunidades quilombolas tituladas, por estado e no Distrito Federal.

Terras de comunidades quilombolas tituladas – 2017	
UF	Nº de terras
PA	58
AM	–
MA	57
AC	–
RJ	3
CE	–
RS	4
DF	–
PE	2
MS	3
ES	–
AP	3
PI	5
MT	–
SP	6

Terras de comunidades quilombolas tituladas – 2017	
UF	Nº de terras
MG	–
SC	1
PB	–
RO	1
GO	1
PR	–
SE	4
AL	1
RR	–
BA	18
TO	–
RN	1
Total	**168**

COMISSÃO Pró-índio de São Paulo. Terras de quilombo tituladas no Brasil. Disponível em: <http://cpisp.org.br/direitos-quilombolas-confira-o-balanco-de-julho-tres-relatorios-de-identificacao-publicados/>. Acesso em: 22 mar. 2020.

Comunidade quilombola Ivaporunduva, em Eldorado, no estado de São Paulo, 2016.

1 Converse com os colegas e o professor e responda: O que são Terras Indígenas?

2 Analise os gráficos da página anterior e responda:

a) Quais são os dois estados que mais possuem indígenas vivendo em Terras Indígenas? _____

b) No estado onde você vive há mais indígenas vivendo fora ou dentro das Terras Indígenas? _____

3 Converse com o professor e os colegas e responda:

a) O que são terras de comunidades quilombolas tituladas?

b) Existem terras de comunidades quilombolas não tituladas?

4 Observe a tabela acima e faça o que se pede.

a) Anote os três estados que possuem mais terras de comunidades quilombolas tituladas. _____

b) Cite dois estados que não possuem terras de comunidades quilombolas tituladas. _____

4 Da produção ao consumo

Que tipo de produto você mais consome em seu dia a dia?

Para iniciar

Leia o texto a seguir. Ele foi escrito há mais de vinte anos, mas ainda se mantém atual.

Necessidades inventadas

Existem "necessidades inventadas". Não se deve confundir o que é necessário para a nossa vida com o que gostaríamos de ter.

A televisão, as revistas e o rádio estão sempre inventando necessidades para nós. O que querem é vender, vender, vender...

E querem que a gente compre, compre, compre...

Há coisas que hoje são necessárias, mas que antigamente não eram. Assim como há coisas que são necessárias para certas pessoas e totalmente inúteis para outras.

CABAL, Graciela Beatriz; UGARTE, Mónica.
SOS planeta em perigo: o homem contra a natureza.
São Paulo: Livros do Tatu, 1990. (Adaptado.)

Ilustra Cartoon/Arquivo da editora

1 Dos produtos que existem em sua casa, quais são essenciais para a sua vida? E quais você considera desnecessários? Converse com os colegas e veja se suas respostas são parecidas com as deles.

2 Em sua opinião, o que é necessário para vivermos bem?

A atividade industrial

Sugestão de...
Livro
No mundo do consumo: o bom uso do dinheiro, de Edson Gabriel Garcia. São Paulo: FTD, 2014.

A roupa que você usa, o tênis que você calça, seus objetos escolares e os alimentos que você consome são produzidos de diferentes modos e com diferentes materiais.

Você imagina de onde vêm os materiais para fabricar tudo isso? Você sabe onde esses produtos são fabricados? Como chegam até você?

Veja as ilustrações de alguns produtos. Imagine quais materiais foram utilizados na fabricação de cada um.

Ilustrações: Cláudio Chiyo/Arquivo da editora

Agora, veja exemplos do que pode ser feito com alguns materiais.

- Madeira: os lápis, as carteiras, a mesa do professor.
- Algodão: o tecido do uniforme escolar.
- Árvore: papel (a partir da celulose).
- Látex da seringueira: a borracha.
- Couro: calçados e bolsas.
- Derivados de petróleo: embalagens plásticas e brinquedos.

Os materiais usados para fabricar produtos e mercadorias são chamados **matéria-prima**. Geralmente eles são retirados da natureza por meio do extrativismo, da agricultura e da pecuária. Essas atividades são desenvolvidas no campo e, como já vimos, fazem parte do setor primário da economia.

1 Cite a principal matéria-prima utilizada para fazer:

a) sua mochila: _____

b) seus livros e cadernos: _____

c) seu lápis: _____

2 Escolha dois produtos industrializados e cole nos quadros abaixo um rótulo, uma parte da embalagem ou uma foto deles. Depois, anote as seguintes informações sobre cada um deles:

a) o nome do produto;

d) o lugar de fabricação;

b) a principal matéria-prima;

e) onde é vendido;

c) o nome do fabricante;

f) o preço do produto.

Informações sobre os produtos escolhidos

a) _____   **a)** _____

b) _____   **b)** _____

c) _____   **c)** _____

d) _____   **d)** _____

e) _____   **e)** _____

f) _____   **f)** _____

Minha coleção de palavras em Geografia

Muitas matérias-primas são obtidas por meio da atividade pecuária.

PECUÁRIA

1. O que é pecuária?

2. Quais criações você conhece ou de quais já ouviu falar?

3. Cite dois produtos da indústria alimentícia que utilizam matérias-primas com origem na pecuária.

O ciclo do produtor ao consumidor

Os produtos percorrem vários caminhos antes de chegar ao consumidor final. É o que chamamos **ciclo do produtor ao consumidor**. Observe no esquema abaixo esse ciclo, de maneira simplificada.

Sugestão de...
Livro

Do campo à mesa: o caminho dos alimentos, de Teddy Chu. São Paulo: Moderna, 2012.

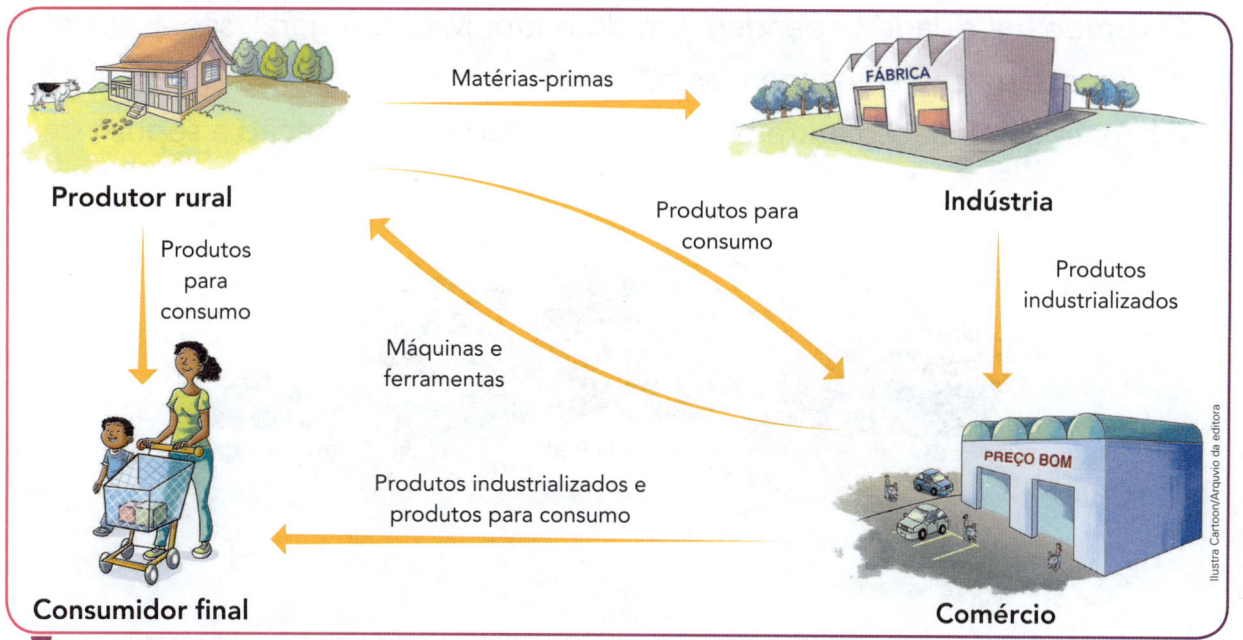

Esquema simplificado do ciclo do produtor ao consumidor final.

1. Com base na ilustração acima, responda onde geralmente são desenvolvidas as atividades:

   a) do setor primário: _____

   b) do setor secundário: _____

   c) do setor terciário: _____

2. No ciclo representado na ilustração, quem é:

   a) o produtor: _____

   b) o consumidor final: _____

3. Por que o consumidor final geralmente não compra direto do produtor?

4. Em dupla, escolham um produto e representem em uma cartolina o ciclo realizado por ele do produtor ao consumidor. Usem figuras de revistas ou façam desenhos para ilustrar o ciclo.

A relação entre a cidade e o campo

Vimos que os **recursos naturais** são utilizados nas indústrias para a fabricação de diversos produtos. Para isso, é preciso transportar esses recursos do campo para a cidade, onde está situada a maioria das indústrias.

O campo e a cidade dependem um do outro. Mas, em geral, são as necessidades da cidade que comandam as atividades do campo.

Observe essa relação entre o campo e a cidade na ilustração a seguir.

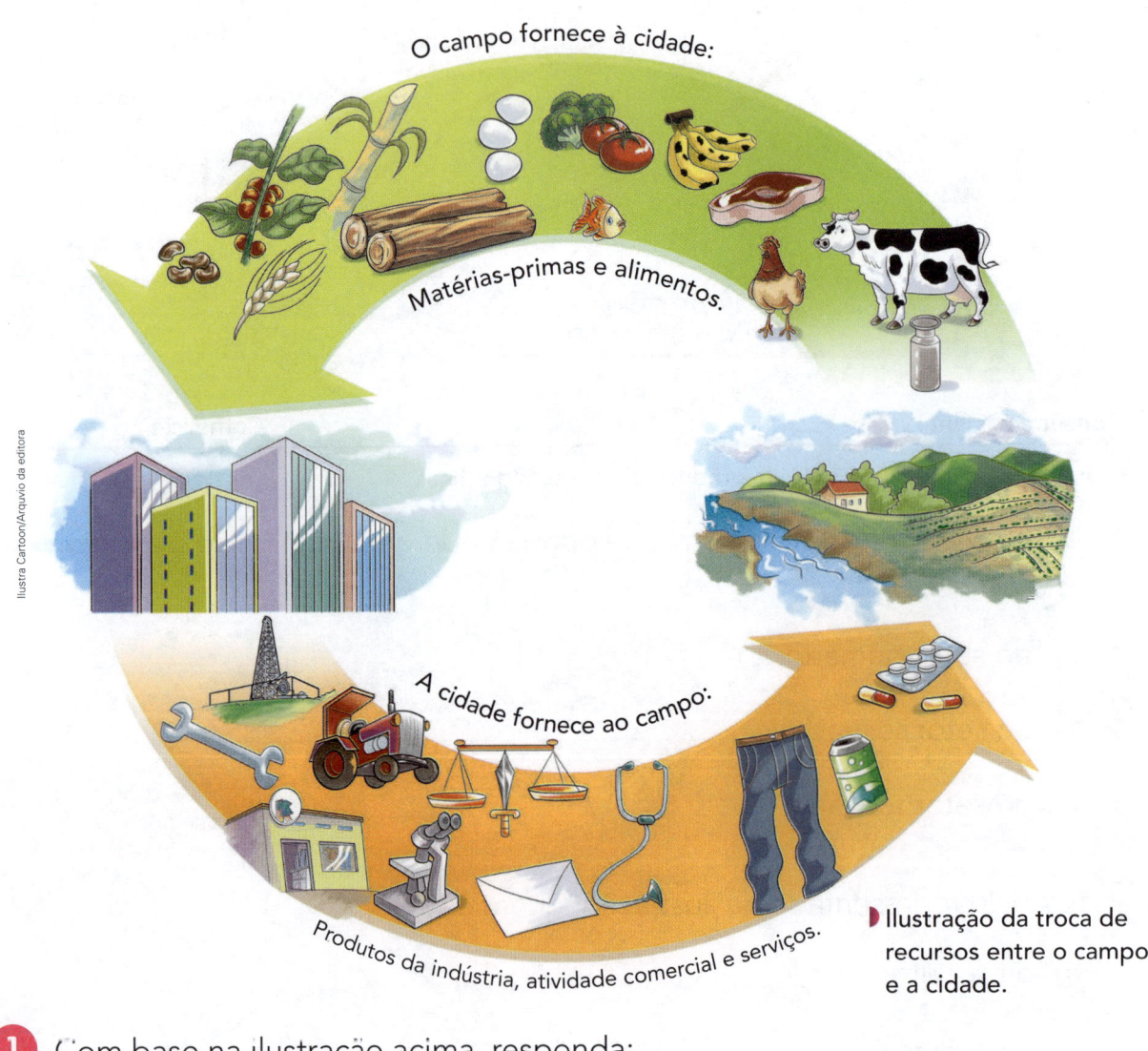

O campo fornece à cidade: Matérias-primas e alimentos.

A cidade fornece ao campo: Produtos da indústria, atividade comercial e serviços.

Ilustra Cartoon/Arquivo da editora

▶ Ilustração da troca de recursos entre o campo e a cidade.

1 Com base na ilustração acima, responda:

a) Em que a cidade depende do campo? _____

_____

b) Em que o campo depende da cidade? _____

_____

2 Faça uma pesquisa ou converse com seus familiares ou adultos responsáveis sobre o município onde você mora e procure descobrir:

a) Quais matérias-primas ou alimentos a área rural do seu município (campo) fornece à área urbana (cidade)? _____

_____

b) Quais serviços a área urbana do seu município oferece à área rural?

_____

c) Há produtos que sua família precisa comprar em outro município? Por quê?

_____

3 O campo produz o que a cidade necessita e, à medida que as cidades crescem e se industrializam, o campo também se moderniza, fazendo surgir novas paisagens rurais. Atualmente, existem indústrias no campo, embora a maioria delas se concentre nas cidades. Observe a foto e responda às perguntas.

Sergio Ranalli/Pulsar Imagens

Plantação de milho e **silos** em Água Boa, no estado de Mato Grosso, 2018.

● **silos:** construções feitas para armazenar cereais e grãos.

a) Há indústrias no município onde você mora? De que tipo?

_____

b) Em seu município há paisagens semelhantes a essa mostrada na foto acima?

_____

A comunicação entre a cidade e o campo

Os meios de comunicação trazem notícias do campo para as pessoas que moram na cidade e notícias da cidade para aqueles que moram no campo. Eles informam sobre condições climáticas favoráveis ou desfavoráveis à agricultura, baixa ou alta de preços dos produtos agrícolas, pesquisas, entre outras informações.

Sugestão de...
Site

Meios de comunicação e tecnologia. Disponível em: <www.canalkids.com.br/tecnologia/meios/index.htm>. Acesso em: 28 nov. 2019.

1 Leia as notícias a seguir, que falam de algumas dessas situações.

Texto 1 – Onda de frio intenso prejudica produção de hortaliças na região

O frio intenso registrado nos últimos dias em Santa Catarina prejudicou as lavouras de vários tipos de hortaliças. Com isso, o preço dos produtos nas prateleiras dos supermercados e feiras deve subir, segundo especialistas e comerciantes.

A massa de ar frio que atingiu o estado nos últimos dias causou vários estragos em regiões produtoras de vegetais e legumes, como a Grande Florianópolis.

ONDA de frio intenso prejudica produção de hortaliças na região. **O Município**, Brusque, 20 jun. 2016. Disponível em: <https://omunicipio.com.br/onda-de-frio-intenso-prejudica-producao-de-hortalicas-na-regiao/>. Acesso em: 28 nov. 2019.

Texto 2 – Municípios do Amazonas enfrentam praga na lavoura de mandioca

Uma praga afeta há três semanas as plantações dos municípios [...] no Amazonas. A lagarta da espécie mandarová já se espalhou por cerca de 1,2 mil **hectare**, principalmente da cultura da mandioca. A produção rural de mais de 900 agricultores ficou prejudicada.

hectare: unidade de medida agrária.

PAIVA, Bianca. Municípios do Amazonas enfrentam praga na lavoura de mandioca. **EBC Agência Brasil**, Manaus, 29 mar. 2016. Disponível em: <http://agenciabrasil.ebc.com.br/geral/noticia/2016-03/municipios-do-amazonas-enfrentam-praga-na-lavoura-de-mandioca>. Acesso em: 28 nov. 2019.

2 Com base nos textos 1 e 2, responda:

a) O que causou danos às lavouras de Santa Catarina e Amazonas?

_____

_____

b) Esses problemas que ocorreram no campo podem afetar a cidade? Explique.

_____

_____

🔶 Plantar para comer, produzir para vender

Atualmente, podemos identificar nas paisagens rurais elementos como: plantações (agricultura), pastos (pecuária), construções isoladas, represas, rios, lagos, hortas, <mark>reservas florestais</mark>, áreas de extração mineral e animal, silos, depósitos, estradas, entre outros. Mas essas paisagens não foram sempre assim.

Ao longo do tempo, os grupos humanos desenvolveram técnicas, ferramentas e máquinas que facilitaram e aumentaram a produção, transformando as paisagens do campo. O aumento da produção permitiu também o aumento do comércio de produtos agrícolas.

A agricultura comercial

A agricultura voltada exclusivamente para o comércio é chamada agricultura comercial. No Brasil, grande parte da produção é vendida para outros países, outra parte é comercializada dentro do município ou entre municípios e estados diferentes. Veja alguns dos principais produtos da agricultura comercial brasileira.

Plantação de **soja** em Rio Verde, no estado de Goiás, 2015. Atualmente, a soja é o principal produto agrícola da exportação brasileira. Principais estados produtores: MT, PR, RS, MS e GO.

Plantação de **café** em Manhuaçu, no estado de Minas Gerais, 2015. O café já foi o principal produto de exportação agrícola no Brasil. Principais estados produtores: MG, ES, PR, SP e RO.

Plantação de **cana-de-açúcar** em Itambé, no estado de Pernambuco, 2015. A cana-de-açúcar é usada para a fabricação do açúcar e de combustível para veículos (etanol). Principais estados produtores: SP, AL, PE e PR.

Plantação de **laranja** em Santa Cruz do Rio Pardo, no estado de São Paulo, 2015. Hoje, o Brasil, assim como os Estados Unidos, é um dos maiores produtores de laranja do mundo. Principais estados produtores: SP, MG e PR.

A agricultura comercial possui características bem definidas. Observe as fotos.

A agricultura comercial é feita com alta tecnologia, muitos recursos financeiros, mecanização e pouca mão de obra. Máquina para **pulverização agrícola**, em Sertanópolis, no estado do Paraná, 2017.

Grandes áreas ocupadas pelo cultivo de apenas um produto agrícola também caracterizam a agricultura comercial. Essa prática recebe o nome de **monocultura**. Na foto, plantação de soja em Maracaju, no estado de Mato Grosso do Sul, 2015.

1 Que técnicas são utilizadas pela agricultura comercial para produzir mais com menos mão de obra? _____

_____

_____

> **pulverização agrícola:** ato de espalhar inseticida sobre as plantações para matar insetos e aumentar a produção.

2 A agricultura é uma atividade econômica importante no município onde você mora? Quais produtos são cultivados? _____

_____

_____

3 Pense nos seguintes alimentos: arroz, feijão, alface e óleo de soja. Quais desses produtos passaram por maior transformação até chegar ao consumidor final? Por quê? _____

_____

_____

4 Você estudou que a monocultura consiste no cultivo de apenas um produto agrícola em uma grande propriedade rural. Agora, responda:

a) O que é **policultura**?

b) Se você tivesse um sítio, que produtos agrícolas plantaria? Qual seria sua opção de cultivo: monocultura ou policultura? Por quê?

Agricultura familiar

No Brasil também se pratica a agricultura familiar, que é desenvolvida em pequenas propriedades rurais e fornece a maior parte dos alimentos que consumimos no dia a dia.

A agricultura familiar emprega a maioria dos trabalhadores do setor rural e é muito importante na produção agrícola do país.

Propriedade rural em Sobradinho, Brasília, no Distrito Federal. Foto de 2016. A agricultura familiar favorece práticas produtivas ecologicamente mais equilibradas, além de diversificação de cultivos e menor uso de adubo industrial e agrotóxicos.

1 Pesquise e anote o nome de dois produtos agrícolas brasileiros típicos da agricultura familiar.

_____

2 Leia a tirinha a seguir e descubra por que Chico Bento está aborrecido.

SOUSA, Mauricio de. **Chico Bento**. Disponível em: <http://turmadamonica.uol.com.br/quadrinhos/>. Acesso em: 4 jan. 2018.

a) A tirinha fala sobre pratos feitos com um produto agrícola bastante cultivado no Brasil. Que produto é esse? _____

b) No último quadrinho, como você explicaria a Chico Bento por que a mãe dele resolveu fazer só esse tipo de comida? _____

_____

c) Podemos relacionar a história contada com qual tipo de agricultura?

_____

A agricultura sempre foi praticada no território brasileiro. Quando os portugueses chegaram aqui, os indígenas já faziam suas **roças**.

Ainda hoje, muitos povos indígenas usam sistemas tradicionais nas suas plantações.

Veja como um indígena da etnia Kaiabi, que habita terras do Parque do Xingu, relata os cuidados no uso da terra.

O cuidado que o meu povo tem com a terra para fazer roça

Nós usamos um pedaço de terra para plantar os nossos produtos. Quando vemos que a terra começa a ficar fraca, nós começamos a procurar outra terra boa e deixamos essa que utilizamos primeiro para se reflorestar.

O tempo de reutilização da capoeira depende da pessoa. Para a capoeira ficar bem boa de novo, precisa deixar no máximo vinte anos.

Assim que o meu povo tem cuidado com a natureza.

Ilustração de Janin Kaiabi, Karin Yudja, Kwaryp Kaiabi e Rypyat Kaiabi.

KAIABI, Amyt; SILVA, Geraldo Mosimann da. **A ciência da roça no Parque do Xingu**. São Paulo: Instituto Socioambiental, 2002. p. 25 e 35.

1. Que cuidado o povo indígena kaiabi tem com a terra?

_____

_____

2. Em sua opinião, esse tipo de roça indígena é característico da agricultura comercial? Por quê?

_____

_____

_____

A agricultura no Brasil

Como vimos, os produtos agrícolas brasileiros são comercializados e consumidos no próprio país e também são vendidos para outros países. Veja no gráfico abaixo o valor da produção de alguns produtos agrícolas brasileiros.

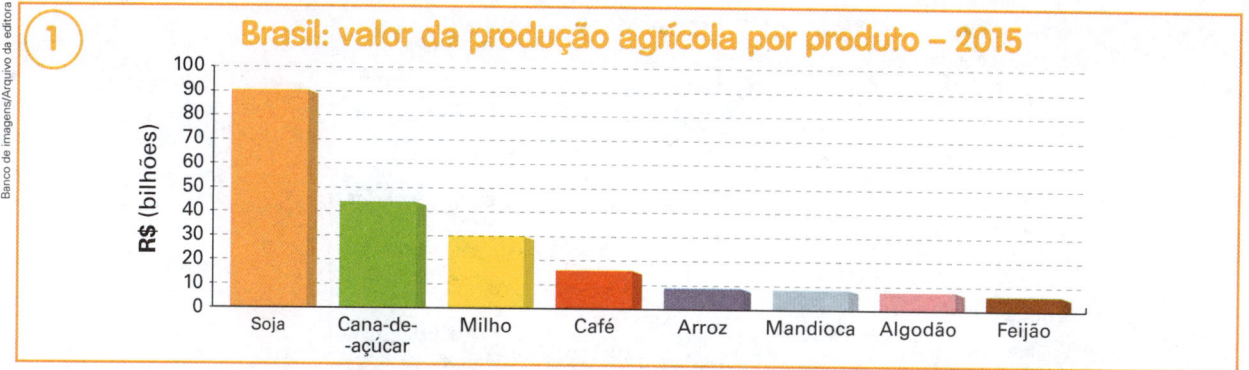

Brasil: valor da produção agrícola por produto – 2015

Gráfico elaborado pela autora com base em: IBGE. **Produção agrícola municipal**: culturas temporárias e permanentes. Tabela 1. Disponível em: <https://biblioteca.ibge.gov.br/visualizacao/periodicos/66/pam_2015_v42_br.pdf>. Acesso em: 13 dez. 2019.

Alguns produtos têm alto valor de produção, são cultivados no sistema de agricultura comercial e exportados. Outros têm consumo interno muito grande e são, muitas vezes, cultivados no sistema de agricultura familiar.

Observe agora a participação dos estados brasileiros na produção nacional.

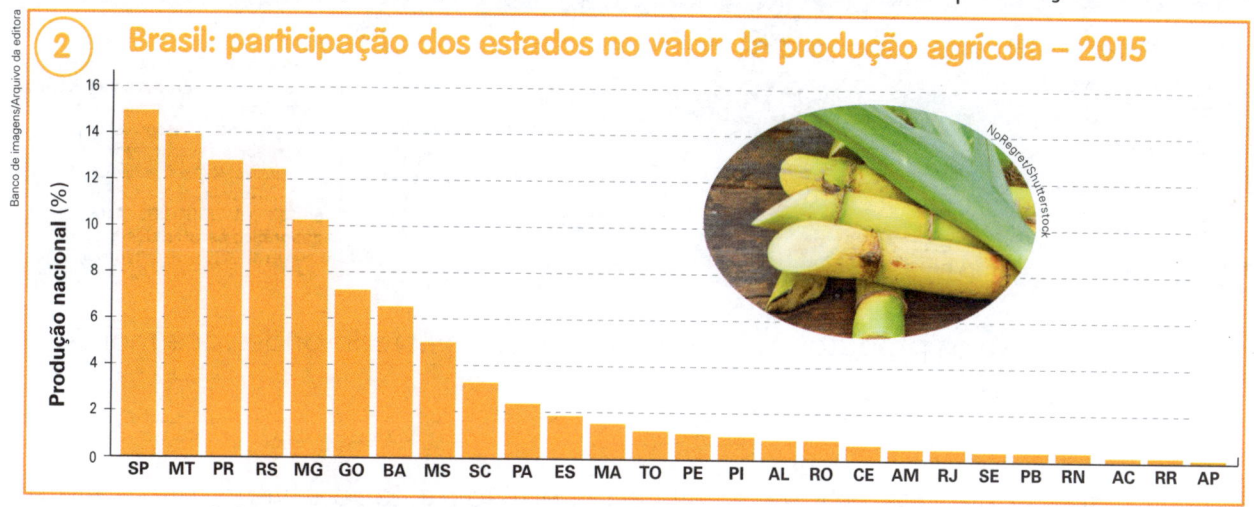

Brasil: participação dos estados no valor da produção agrícola – 2015

Gráfico elaborado pela autora com base em: IBGE. **Produção agrícola municipal**: culturas temporárias e permanentes. Gráfico 1. Disponível em: <https://biblioteca.ibge.gov.br/visualizacao/periodicos/66/pam_2015_v42_br.pdf>. Acesso em: 13 dez. 2019.

1 Com base nos gráficos e no texto, faça o que se pede.

a) Circule no gráfico 1 três produtos da agricultura comercial no Brasil.

b) Anote qual é o estado com maior participação no valor da produção agrícola no Brasil, de acordo com o gráfico 2. _____

c) Converse com os colegas e o professor sobre a posição do estado onde você vive na produção agrícola nacional.

2 Observe no mapa como estão distribuídos alguns produtos agrícolas cultivados no Brasil. Depois, faça as atividades abaixo.

Brasil: produtos agrícolas – 2015

Mapa elaborado pela autora com base em: IBGE. **Produção agrícola municipal**: culturas temporárias e permanentes. Disponível em: <https://biblioteca.ibge.gov.br/visualizacao/periodicos/66/pam_2015_v42_br.pdf>. Acesso em: 13 dez. 2019; IBGE. **Atlas geográfico escolar**. 8. ed. Rio de Janeiro: IBGE, 2018. p. 125-128.

a) Quais são os produtos agrícolas cultivados no estado onde você mora?

_____

b) Escolha um dos produtos cultivados em seu estado e verifique se ele é cultivado também em outros estados. Se sim, indique quais.

_____

c) Escolha outro estado brasileiro. Depois, anote abaixo os principais produtos agrícolas cultivados nele.

_____

_____

3 Agora, você vai estudar alguns produtos agrícolas brasileiros de maneira diferente daquela feita no mapa da página anterior.

Com o auxílio do professor, siga as orientações, utilizando o mapa da página anterior como referência.

a) Escolha um símbolo abstrato para cada produto agrícola brasileiro. Não utilize símbolos pictóricos, como no mapa da página anterior.

b) Represente no mapa os produtos agrícolas do estado onde você mora.

c) Coloque no centro do mapa a rosa dos ventos que você fez na atividade da página 46 e represente:

- um produto agrícola importante no sul do país;

- dois produtos agrícolas que aparecem no norte, no leste e no oeste do país.

d) Lembre-se de criar um título para o mapa, além de uma legenda e da fonte.

A pecuária no Brasil

A pecuária é outra atividade muito importante, desenvolvida em quase todo o Brasil. Ela nos fornece alimentos, como carne e leite, além de produtos como couro e lã. Da mesma maneira que a agricultura, a pecuária pode ser praticada de forma simples ou com técnicas modernas.

Veja no mapa onde estão os principais rebanhos brasileiros.

Brasil: principais rebanhos – 2015

Mapa elaborado pela autora com base em: IBGE. **Produção da pecuária municipal 2015**. Disponível em: <https://biblioteca.ibge.gov.br/visualizacao/periodicos/84/ppm_2015_v43_br.pdf>. Acesso em: 13 dez. 2019.

Agora, veja no gráfico abaixo outra forma de representar os dados dos principais rebanhos brasileiros.

IBGE. **Produção da pecuária municipal 2015**. Disponível em: <https://biblioteca.ibge.gov.br/visualizacao/periodicos/84/ppm_2015_v43_br.pdf>. Acesso em: 13 dez. 2019.

1 Responda às perguntas sobre as representações da página anterior (mapa e gráfico).

a) Se você quiser saber quais são os rebanhos presentes em seu estado, qual das representações você consultará?

b) E para saber o total do rebanho suíno, qual das representações você consulta?

2 Com a orientação do professor, siga as instruções abaixo para elaborar o mapa desta atividade. Consulte as informações no mapa da página anterior.

a) Represente alguns rebanhos brasileiros:

- Pinte de **verde** os dois estados com maior rebanho bovino.

- Pinte de **vermelho** o estado com o maior rebanho suíno.

- Pinte de **roxo** os estados que possuem rebanho caprino.

- Pinte de **amarelo** os estados que possuem rebanho bufalino.

b) Represente o rebanho do estado onde você mora:

- Escolha um símbolo abstrato (não pictórico) e cores diferentes para representar cada tipo de rebanho existente.

- Lembre-se de criar um título para o mapa, além de uma legenda e da fonte.

Título: _____

LEGENDA

Fonte: _____

Será que a família de Chico Bento vai conseguir sair desta difícil situação?
Leia a história em quadrinhos para descobrir.

SOUSA, Mauricio de. Adeus, rocinha! **Chico Bento**.
São Paulo: Globo, n. 206, dez. 1994.

1. Identifique e anote os números dos quadrinhos que relatam:

   a) as condições climáticas desfavoráveis à plantação;

   _____

   b) o endividamento do agricultor.

   _____

2. Imagine que uma parte da dívida do pai de Chico Bento fosse: conserto do trator por R$ 2 800,00; ração e vacina para os animais por R$ 1 110,00. Qual seria o valor dessa dívida? _____

3. O final feliz da história de Chico Bento costuma acontecer na realidade? Comente com os colegas.

4. Agora, use sua imaginação e criatividade para criar outro final para essa história em quadrinhos. No quadro abaixo, ao elaborar seus quadrinhos, observe se eles são compostos de imagens e palavras, e se os diálogos são registrados dentro de balões de fala. Se necessário, mude o título de acordo com o final de sua história.

O que estudamos

Eu escrevo e aprendo

Nesta atividade você vai utilizar a **linguagem escrita** para retomar o que estudou na unidade. Escreva abaixo uma frase sobre o que você estudou em cada capítulo.

Capítulo 3 – Organizando o espaço

_____

_____

_____

Capítulo 4 – Da produção ao consumo

_____

_____

_____

Minha coleção de palavras em Geografia

Em cada capítulo desta unidade há uma palavra destacada para a sua coleção de palavras em Geografia. São palavras comuns em textos de Geografia e vão ajudar você a compreender melhor todos eles. Reveja essas palavras ao lado.

DISTRITO FEDERAL, página 67.

PECUÁRIA, página 78.

1. O que você aprendeu com essas duas palavras? Converse com os colegas e o professor.

2. Em um quadro no caderno, escreva essas duas palavras e o significado de cada uma delas. O significado deve estar relacionado ao que você aprendeu no capítulo.

Eu desenho e aprendo

Nesta atividade você vai utilizar a **linguagem gráfica** para retomar o que estudou na unidade. Desenhe abaixo o que você considerou mais importante em cada capítulo. Se preferir, faça uma colagem.

Capítulo 3 – Organizando o espaço

Capítulo 4 – Da produção ao consumo

Hora de organizar o que estudamos

A divisão político-administrativa do Brasil

- Estados.
- Distrito Federal.
- Municípios.

Brasil: divisão política – 2018

LEGENDA
- Estado do Paraná
- Demais estados e Distrito Federal
- Outros países

Elaborado com base em: IBGE. **Brasil em números**. Rio de Janeiro: IBGE, 2018. p. 59.

Estado do Paraná: divisão política – 2019

LEGENDA
- Município de Maringá
- Demais municípios do Paraná
- Outros estados
- Outros países

Elaborado com base em: IBGE. **Cidades**. Disponível em: <https://cidades.ibge.gov.br>. Acesso em: 13 dez. 2019.

Setores de atividades econômicas

- Primário.
- Secundário.
- Terciário.

Plantação de café em Pancas, no estado do Espírito Santo, 2019.

Indústria automobilística em São José dos Pinhais, no estado do Paraná, 2015.

Supermercado em São Paulo, no estado de São Paulo, 2019.

A presença no território brasileiro de:

- Terras Indígenas.
- Terras de comunidades quilombolas.

O ciclo do produtor ao consumidor

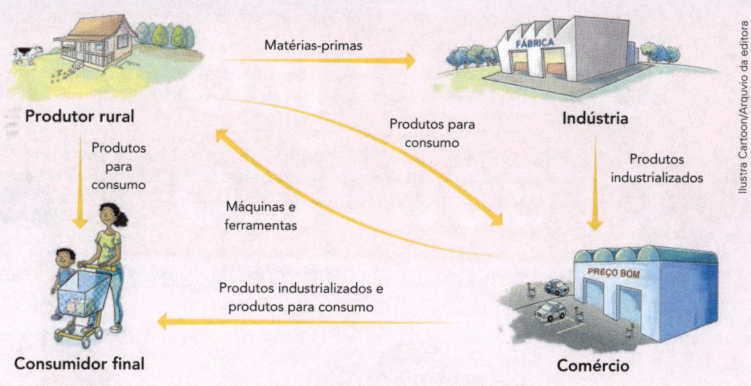

Ilustra Cartoon/Arquivo da editora

Interdependência campo-cidade

- O campo fornece à cidade matérias-primas e alimentos.
- A cidade fornece ao campo produtos da indústria, atividades comerciais e serviços.

Ilustra Cartoon/Arquivo da editora

Agricultura comercial e familiar

Gerson Gerloff/Pulsar Imagens

Máquina para pulverização agrícola em Sertanópolis, no estado do Paraná, 2017.

Pedro Ventura/Agência Brasília

Propriedade rural em Sobradinho, Brasília, no Distrito Federal. Foto de 2016.

Para você refletir e conversar

- Qual assunto você achou mais importante nesta unidade? E qual achou mais difícil de entender?
- Você acha importante a população participar da administração do município onde vive? Por quê?
- Como você percebe a relação entre o campo e a cidade no lugar onde vive? Converse com os colegas para conhecer a percepção deles.

3

O território brasileiro

Região Norte
Bonecas karajás (TO):
Patrimônio Imaterial Brasileiro.

Região Centro-Oeste
Centro histórico de Goiás (GO):
Patrimônio Cultural Mundial.

Região Sul
Ruínas de São Miguel das
Missões (RS): Patrimônio
Cultural Mundial.

Carlos BourdieI/Arquivo da editora

Região Nordeste
Parque Nacional da Serra da Capivara (PI): Patrimônio Cultural Mundial.

PI

TO

GO

Região Sudeste
Cais do Valongo (RJ): Patrimônio Cultural Mundial.

RJ

RS

- Você já viu um mapa como esse? O que representam as cores nele?

- Na imagem há diferentes representações para as regiões brasileiras. Apresente aos colegas uma representação para o estado onde você mora.

5 Diferentes culturas e muitas cidades

Você identifica a influência de quais povos na cultura brasileira?

Para iniciar

Leia o poema a seguir.

Poema tupi-guarani

Sou um elemento vivo,
Irmão da terra, filho de **Ceci**...
Tupã, fez-me aqui um nativo,
Desta terra tupi-guarani...

Formada por **itapitanga** e **caá**,
Capororoca e **coaraci**...
Iluminada por **Kamaiurá**,
E repleta de jacuí...
[...]

- **Ceci:**
  mãe.
- **itapitanga:**
  pedras vermelhas.
- **caá:**
  mato, folha.
- **capororoca:**
  de mato barulhento.
- **coaraci:**
  Sol.
- **Kamaiurá:**
  Lua.

Ilustra Cartoon/Arquivo da editora

RAMOS, Marcos. **Poema tupi-guarani**. Disponível em: <https://www.xapuri.info/abril-indigena/abril-indigena-poema-tupi-guarani/>. Acesso em: 16 dez. 2019.

1 O que é ser um nativo?

2 Qual é a terra tupi-guarani citada no poema?

O encontro de culturas

Sugestão de...
Site

Mapa do brincar. Disponível em: <http://mapadobrincar.folha.com.br/projeto/>. Acesso em: 6 dez. 2019.

Brincadeiras de roda, pipa, boneca, *videogame*. As crianças do mundo todo têm brincadeiras parecidas, muitas delas passadas de geração em geração. Algumas brincadeiras vêm da tradição folclórica e da **cultura** de cada país.

A cultura brasileira é muito diversificada, pois recebeu influências de povos de diferentes origens. Possuímos costumes e tradições que herdamos de nossos antepassados, mas uma das características mais importantes do povo brasileiro é a língua portuguesa.

Apesar de o português ser a língua oficial do Brasil, algumas línguas indígenas se tornaram cooficiais em alguns municípios brasileiros, como em São Gabriel da Cachoeira, no estado do Amazonas.

No Brasil, há uma diversidade enorme de línguas indígenas não oficializadas. Leia o texto a seguir.

Andre Dib/Pulsar Imagens

Algumas brincadeiras podem ter nomes diferentes de acordo com o lugar. A pipa, por exemplo, também recebe o nome de papagaio, quadrado, raia, pandorga, curica, entre outros. Na foto, menino solta pipa em Ouro Preto, no estado de Minas Gerais, 2015.

cultura: conjunto de manifestações artísticas, sociais, linguísticas e comportamentais de um povo.

Língua dos povos indígenas

Por muito tempo, pensou-se que todos os povos indígenas falavam a mesma língua. [...]

O que é muito importante sabermos é que **não** existe **uma única** língua falada por todos os povos tradicionais.

No Brasil, hoje, são faladas aproximadamente 180 línguas indígenas. Alguns povos, além da língua materna, falam o português e outros também sabem falar a língua de povos vizinhos.

Observe um pouco da diversidade das línguas dos povos nativos:

Língua portuguesa	Língua dos Karajá	Língua dos Karitiána	Língua dos Kuikúro
água	béé	ese	tunga
animal	iródu	Kinda	ngene
terra	suu	Eje'i	ngongo
sol	tscuu	gokyp	giti

MUNDURUKU, Daniel. **Coisas de índio** – versão infantil. São Paulo: Callis, 2019.

● Onde você mora é falada outra língua além da oficial? Se sim, qual?

A formação do povo brasileiro

O povo brasileiro é formado, principalmente, pela miscigenação do indígena, do branco europeu e do negro africano. Dependendo da região em que você mora no Brasil, há mais influências de um ou de outro grupo na composição da população.

Indígenas

Os indígenas foram os primeiros habitantes das terras que hoje formam o Brasil.

1 Leia o texto a seguir.

Os índios são todos iguais?

[...] Apesar das semelhanças que podemos notar entre vários povos indígenas, quando eles se comparam entre si reconhecem suas diferenças, pois prestam atenção nas particularidades de cada grupo.

Cada povo indígena possui tradições culturais próprias, isto é, tem uma história particular, além de possuir práticas e conhecimentos únicos. [...]

POVOS Indígenas no Brasil Mirim. O que é ser índio? Disponível em: <https://mirim.org/o-que-e-ser-indio>. Acesso em: 29 nov. 2019.

- Os indígenas são todos iguais?

2 No lugar onde você mora há pessoas ou tradições de origem indígena?

Assim também aprendo

Vamos brincar como as crianças do povo kalapalo de Mato Grosso?

Nome do jogo: Heiné kuputisü

Neste jogo de resistência e equilíbrio, o corredor deve correr num pé só, não sendo permitido trocar. Um risco definindo o local da largada é traçado na terra e um outro, a uns 100 metros de distância, aponta a meta a ser atingida [...]. Se ultrapassar a meta já é considerado um vencedor, mas se não alcançar, é um sinal de que [...] precisa treinar mais. [...] No final, vence quem foi mais longe com um pé só.

Indígenas kalapalos brincam de heiné kuputisü no Parque Indígena do Xingu, no estado de Mato Grosso, 2006.

HERRERO, Marina; FERNANDES, Ulysses. **Jogos e brincadeiras na cultura kalapalo**. São Paulo: Edições Sesc São Paulo, 2006. p. 126.

Brancos

Os brancos que mais influenciaram a formação do povo brasileiro foram os portugueses, que chegaram às terras que hoje formam o Brasil como colonizadores, no século XVI.

No nosso dia a dia, um exemplo da influência portuguesa está evidente na língua oficial do Brasil – o português.

1 Leia o trecho da canção a seguir.

Pindorama, Pindorama
É o Brasil antes de Cabral
Pindorama, Pindorama
É tão longe de Portugal
Fica além, muito além

Do encontro do mar com o céu
Fica além, muito além
Dos domínios de Dom Manuel
[...] Pindorama, Pindorama
Mas os índios já estavam aqui

PERES, Sandra; TATIT, Luiz. Pindorama. Intérprete: Palavra Cantada. In: **Canções curiosas**, 1998. 1 CD. Faixa 1.

- Procure no dicionário o significado da palavra **Pindorama** e converse sobre ele com os colegas.

2 No lugar onde você mora há pessoas ou tradições de origem portuguesa?

Assim também aprendo

Vamos brincar como as crianças portuguesas?

Nome da brincadeira: Passa anel

Para brincar, todas as crianças ficam em roda, com uma criança no meio. As crianças da roda esticam um longo barbante por dentro de um anel, que vai passando de mão em mão. Enquanto isso, cantam "Chora, Mané", sem deixar que a criança

Crianças brincam de passa anel em parque em São Paulo, no estado de São Paulo, 2017.

do meio da roda veja com quem está o anel. Quando a cantiga para, a criança que está no meio da roda deve adivinhar com quem está o anel. Depois, é a vez de outra criança.

Negros

A partir do século XVI, cerca de 4 milhões de negros africanos de diferentes grupos étnicos foram escravizados e trazidos ao Brasil. Pessoas de diferentes línguas e tradições foram obrigadas a viver juntas e a trabalhar em condições sub-humanas.

Apesar de a escravidão ter sido abolida há mais de cem anos, a desigualdade social entre brancos e negros continua a ser um grave problema.

1 Os gráficos ao lado mostram os anos de estudo da população em algumas regiões metropolitanas brasileiras.

a) Comparando os anos de 2001 e 2011, houve aumento dos anos de estudo da população negra?

_____

b) Em 2011, onde a população negra teve mais anos de estudo?

_____

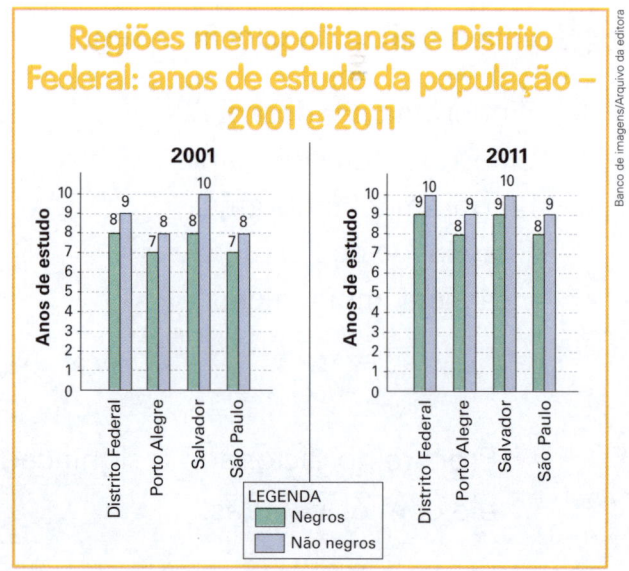

Regiões metropolitanas e Distrito Federal: anos de estudo da população – 2001 e 2011

DIEESE. Os negros nos mercados de trabalho metropolitanos. Gráfico 2. Disponível em: <www.dieese.org.br/analiseped/2012/2012pednegrosescolaridade.pdf>. Acesso em: 16 dez. 2019.

2 No lugar onde você mora há pessoas ou tradições de origem negra africana?

Assim também aprendo

Vamos brincar como as crianças iorubas que vieram para o Brasil?

Nome do brinquedo: Bonecas Abayomi

Durante as viagens da África para o Brasil, as mães iorubas criavam bonecas para os filhos com retalhos de roupas, amarrando o tecido com nós e tranças, sem nenhuma costura. Essas bonecas se chamam Abayomi, que significa "encontro precioso". Elas são um símbolo da tradição, da resistência e do poder da mulher negra.

Bonecas Abayomi, 2017.

Outros povos

As influências culturais recebidas dos povos indígenas, africanos e europeus (portugueses) criaram, com o passar do tempo, uma população **mestiça** e **pluricultural**. Os imigrantes que vieram da Europa, da Ásia e de outros países do continente americano também contribuíram para a formação do povo brasileiro. Muitas vezes, as pessoas migram por motivos relacionados principalmente a catástrofes naturais, guerras, perseguição política e religiosa ou dificuldades econômicas.

Sugestão de...
Livro
Meu avô alemão, de Martin Wille. São Paulo: Panda Books, 2012.

- **mestiça:** que é descendente de pessoas de grupos étnicos diferentes.
- **pluricultural:** que é formado por várias culturas.

1 Encontre no diagrama o nome dos principais grupos de imigrantes que vieram para o Brasil a partir de 1850.

M	A	T	Á	X	U	R	C	H	L	R	L	H	N	B
L	L	W	R	Y	J	A	P	O	N	E	S	E	S	S
D	E	Y	A	Z	G	X	C	A	S	G	X	N	K	D
A	M	Z	B	M	J	E	S	P	A	N	H	Ó	I	S
C	Ã	P	E	S	H	R	I	Ó	H	N	A	P	S	E
W	E	R	S	N	M	L	Q	H	Z	I	G	J	D	K
U	S	T	C	I	T	A	L	I	A	N	O	S	Ç	I

2 Na sua sala de aula e no estado em que você mora há pessoas de grupos de imigrantes que não foram indicadas no diagrama? Se sim, quais?

3 Nos dias atuais, muitos imigrantes ainda vêm para o Brasil. Observe o gráfico.

a) De qual país veio o maior número de pessoas para o Brasil em 2015? Pesquise os motivos da vinda desses imigrantes para o nosso país. Faça suas anotações no caderno e depois compartilhe com os colegas.

b) Circule no gráfico o nome dos países de origem dos imigrantes que não são vizinhos do Brasil.

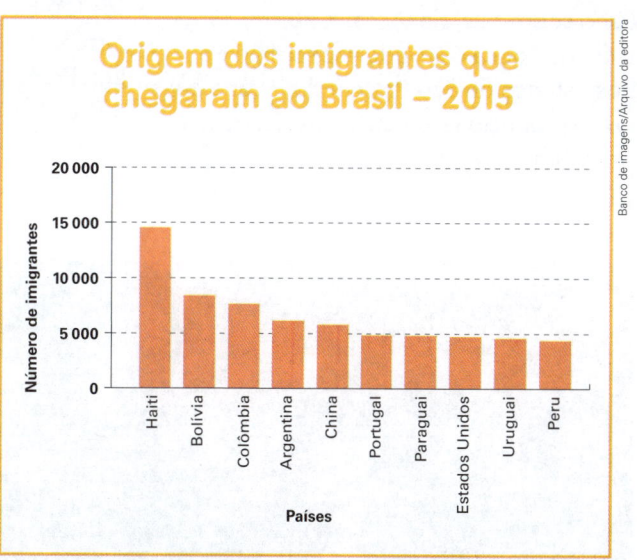

Origem dos imigrantes que chegaram ao Brasil – 2015

Banco de imagens/Arquivo da editora

VELASCO, Clara; MANTOVANI, Flávia. Em 10 anos, número de imigrantes aumenta 160% no Brasil, diz PF. **G1**, 25 jun. 2016. Disponível em: <http://g1.globo.com/mundo/noticia/2016/06/em-10-anos-numero-de-imigrantes-aumenta-160-no-brasil-diz-pf.html>. Acesso em: 5 dez. 2019.

Tecendo saberes

O Brasil do século XX foi retratado por muitos pintores, entre eles imigrantes e seus descendentes. Os imigrantes contribuíram em muitos aspectos para a cultura brasileira, inclusive nas artes. Observe as pinturas a seguir.

Colheita de café, de Tomoo Handa, 1958 (óleo sobre tela, de 90 cm × 70 cm). O café, na época cultivado especialmente nos estados de São Paulo e do Paraná, foi um dos principais produtos da economia brasileira do século XX.

Tomoo Handa nasceu no Japão, em 1906. Veio para o Brasil em 1917.

José Pancetti nasceu em Campinas, no estado de São Paulo, em 1902. É filho de imigrantes italianos que vieram para o Brasil em 1891.

Rua em São João Del Rei, MG, de Giuseppe Gianinni Pancetti (José Pancetti), 1945 (óleo sobre tela, de 46 cm × 39 cm). Esse artista pintou paisagens urbanas, retratos, além de paisagens do litoral brasileiro.

Lasar Segall nasceu na Lituânia, em 1891. Veio para o Brasil em 1923.

Bananal, de Lasar Segall, 1927 (óleo sobre tela, de 87 cm × 127 cm). Trabalhadores e imigrantes são temas importantes na obra do artista.

1 Retratar paisagens urbanas é muito comum entre os artistas. Das pinturas apresentadas, qual retrata uma paisagem urbana do Brasil?

_____

2 Uma importante atividade econômica do Brasil no início do século XX está retratada em uma dessas obras. Que obra é essa?

_____

3 Qual das pinturas mostra um produto agrícola importante na alimentação dos brasileiros?

_____

4 Agora você é o artista. Faça um desenho ou uma pintura que represente algum aspecto do Brasil atual.

Antropólogos são cientistas que estudam a diversidade cultural dos povos, principalmente seus costumes, crenças e hábitos. Darcy Ribeiro foi um famoso antropólogo e estudioso da formação do povo brasileiro.

A partir de suas pesquisas, Darcy Ribeiro organizou o território brasileiro com base nas origens, na cultura e no modo de vida da população. Ele afirmou que há "cinco Brasis" dentro do Brasil.

Veja uma representação livre dos cinco Brasis de Darcy Ribeiro.

Félix Reiners/Arquivo da editora

1. Com as informações do seu professor, anote nos espaços indicados nas laterais do mapa o nome dos cinco Brasis de Darcy Ribeiro.

2. Converse com os colegas e o professor sobre as origens, os hábitos, os costumes e o modo de vida da população no município onde vocês vivem. Como vocês poderiam representar o município de acordo com esses critérios? Discutam e façam uma proposta.

As migrações internas

As **migrações internas** sempre ocorreram e tiveram um papel muito importante na formação da sociedade brasileira.

Os deslocamentos populacionais permitem que hábitos e costumes de um lugar sejam levados para outros lugares. Assim, os migrantes levam seus costumes para onde vão e, ao mesmo tempo, aprendem novos costumes ao viver no novo destino. Essa troca enriquece a cultura de um país. Observe no mapa os deslocamentos populacionais no Brasil entre 1980 e 2010.

● **migrações internas:** deslocamentos de pessoas no interior do próprio país.

1 Identifique no mapa o deslocamento populacional mais importante do período.

2 Anote abaixo o nome de dois estados de origem desse deslocamento.

_____

_____

3 Anote abaixo o nome dos dois estados de destino desse deslocamento.

_____

Brasil: migrações – 1980-2010

LEGENDA

↗ Direção dos principais fluxos migratórios entre 1980 e 2010

ESCALA
0   480   960
Quilômetros

Elaborado com base em: GIRARDI, Gisele; ROSA, Jussara Vaz. **Atlas geográfico**. São Paulo: FTD, 2016. p. 50.

Minha coleção de palavras em Geografia

Paraná, nome de um dos estados brasileiros, é uma palavra de origem indígena e possui vários significados.

PARANÁ

● Procure o significado da palavra paraná e apresente dois usos dela.

O crescimento urbano

Ao longo do tempo, com trabalho e tecnologia, o ser humano foi se apropriando dos recursos naturais e criando elementos culturais, transformando as paisagens. As paisagens urbanas e rurais que conhecemos hoje são resultado de processos de transformação do espaço.

1 Observe as transformações nesta paisagem. Converse com os colegas sobre o que aconteceu nesse lugar ao longo do tempo.

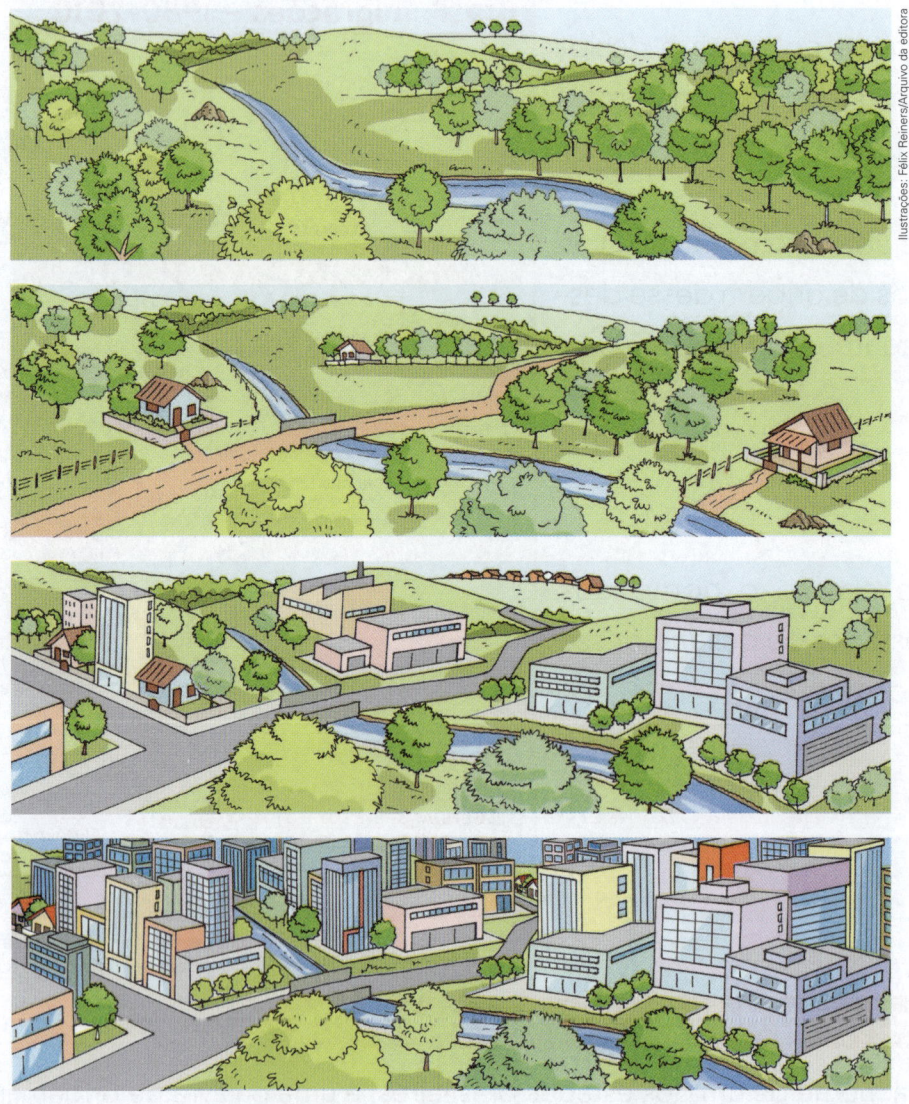

Ilustrações: Félix Reiners/Arquivo da editora

2 Agora é a sua vez. Desenhe em uma folha avulsa como poderá ser a paisagem acima no futuro, imaginando duas situações. Suponha que seus habitantes:

a) Não conservaram o ambiente e provocaram um desastre ecológico;

b) Conservaram o ambiente e utilizaram a tecnologia a seu favor.

A urbanização

O crescimento das cidades, impulsionado pelas atividades econômicas e pela migração do campo para a cidade, caracteriza o processo de **urbanização**.

No Brasil, o processo de urbanização está, em parte, relacionado ao desenvolvimento da indústria, iniciado na década de 1930. Com as indústrias, o comércio e a prestação de serviços se expandiram. Essas atividades atraíram muitas pessoas para as cidades.

Grande parte das migrações internas ocorre do campo para as cidades. Esse fluxo de pessoas recebe o nome de **êxodo rural** e é uma das características do processo de urbanização no Brasil.

1 Atualmente, de cada dez brasileiros, oito vivem em cidades. Pinte no gráfico ao lado a quantidade de fatias que representa essa informação.

2 Observe os gráficos. O que eles mostram?

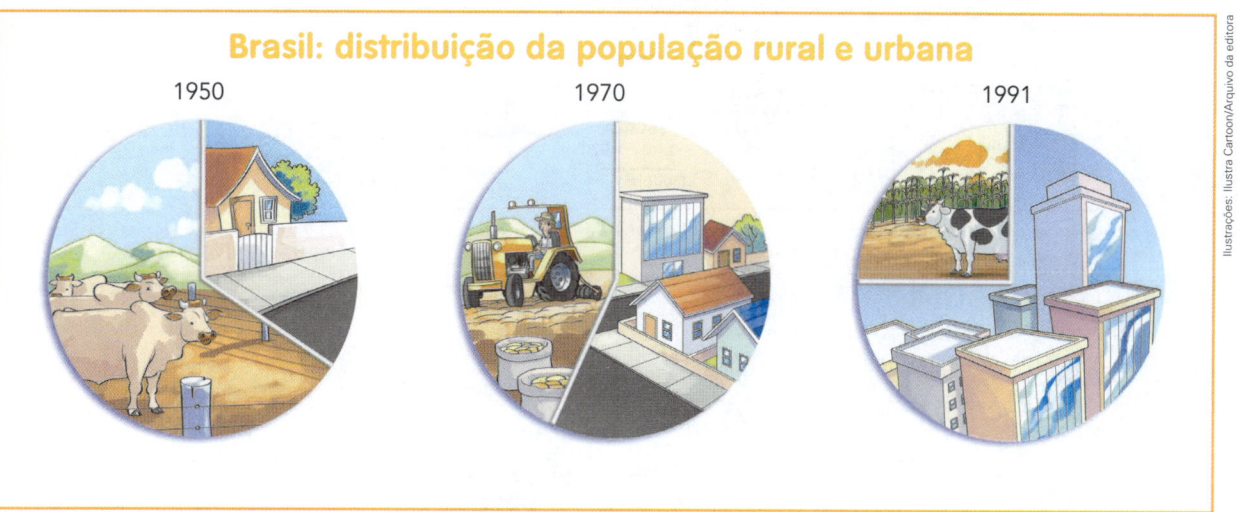

Brasil: distribuição da população rural e urbana

1950   1970   1991

Gráficos elaborados pela autora com base em: IBGE. **Censo Demográfico 2010** – Características da população e dos domicílios. Tabela 2. Disponível em: <https://biblioteca.ibge.gov.br/visualizacao/periodicos/93/cd_2010_caracteristicas_populacao_domicilios.pdf>. Acesso em: 5 dez. 2019.

3 Complete o gráfico ao lado com desenhos que representem a população urbana e a população rural do Brasil atual, conforme foi feito nos gráficos acima. O professor vai indicar a divisão do círculo.

Ilustrações: Ilustra Cartoon/Arquivo da editora

País urbano-industrial

Atualmente o Brasil é considerado um país **urbano-industrial**. Vamos entender o porquê:

- A maior parte da população vive em cidades.

- A atividade industrial desempenha papel muito importante na organização do espaço.

▶ Brasil: urbanização – 2010

Mapa elaborado pela autora com dados de: IBGE. **Brasil em números**. Rio de Janeiro: IBGE, 2018. p. 86-87.

▶ Brasil: indústria – 2010

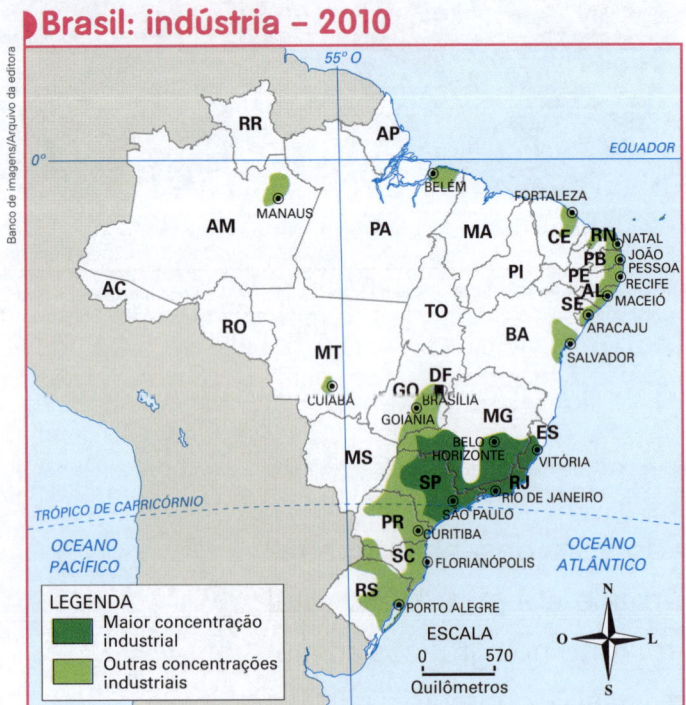

Mapa elaborado pela autora com base em: IBGE. **Atlas geográfico escolar**. 8. ed. Rio de Janeiro: IBGE, 2018. p. 134-136.

1 Com base nos mapas de indústria e urbanização da página ao lado, faça o que se pede no mapa abaixo.

a) Pinte de **vermelho** os estados brasileiros com maior concentração industrial.

b) Coloque pontos nos estados brasileiros com alta taxa de urbanização.

Brasil: político – 2018

Elaborado com base em: IBGE. **Brasil em números**. Rio de Janeiro: IBGE, 2018. p. 59.

2 Anote no mapa o nome de cinco capitais de estado de que você já ouviu falar.

3 Em quais estados há maior concentração industrial e alta taxa de urbanização? Desenhe uma estrela nesses estados.

4 Converse com o professor e seus colegas sobre como se caracterizam a distribuição industrial e a urbanização no estado onde vocês moram.

Cidades planejadas

Pequenos povoados deram origem a muitas cidades. Outras foram planejadas, isto é, construídas a partir de um projeto, como Brasília (DF), Palmas (TO), Goiânia (GO), Belo Horizonte (MG), entre outras.

Observe o mapa e as fotos.

Brasil: político – 2018

Elaborado com base em: IBGE. **Brasil em números**. Rio de Janeiro: IBGE, 2018. p. 59

Palmas, no estado do Tocantins, 2017.

Brasília, no Distrito Federal, 2019.

Belo Horizonte, no estado de Minas Gerais, 2017.

Goiânia, no estado de Goiás, 2018.

1 Faça uma pesquisa e cite o nome de outra cidade planejada do Brasil.

2 Forme um grupo com seus colegas e pesquise a origem e o desenvolvimento do município onde vocês vivem: data de criação, principais atividades econômicas e mudanças nas paisagens. Anote suas descobertas em uma folha à parte, conforme orientação do professor, e entregue-a na data combinada.

3 Qualquer cidade, planejada ou não, é constantemente transformada. Alguns elementos da paisagem são modificados e outros surgem com o objetivo de atender às necessidades da população. Observe a ilustração abaixo.

Rodval Matias/Arquivo da editora

Os moradores da cidade representada na ilustração reivindicaram aos governantes a construção dos seguintes elementos:

- uma ponte;

- uma fábrica;

Ilustrações: Rodval Matias/ Arquivo da editora

- uma praça;

- um porto.

a) Sobre as construções que deverão ser acrescentadas na cidade, reflita e responda:

- Qual é a utilidade de cada uma delas?

- Quem poderá usá-las?

- Qual seria o local mais adequado para construí-las?

b) Agora, desenhe na ilustração essas construções, nos locais que você escolheu.

Diversidade regional

O estado onde você vive faz parte de uma região. Você sabe qual é essa região?

Para iniciar

Leia o trecho da letra desta canção.

Aquarela brasileira

[...]
Passeando pelas cercanias do Amazonas
Conheci vastos seringais
No Pará a ilha de Marajó
[...]
Caminhando ainda um pouco mais
Deparei com lindos coqueirais
Estava no Ceará [...]
Fiquei radiante de alegria
Quando cheguei na Bahia
Bahia de Castro Alves, do acarajé
[...]
Assisti em Pernambuco
À festa do frevo e do maracatu.
Brasília tem o seu destaque
Na arte, na beleza e arquitetura
Feitiço de garoa pela serra
São Paulo engrandece a nossa terra
Do leste, por todo o Centro-Oeste
Tudo é belo e tem lindo matiz
O Rio dos sambas e batucadas

[...]
Brasil,
Essas nossas verdes matas
Cachoeiras e cascatas
De colorido sutil
E este lindo céu azul de anil
Emolduram em aquarela o meu Brasil.
[...]

OLIVEIRA, Silas de. Aquarela brasileira. Intérprete: Martinho da Vila. In: **Maravilha de cenário**. Rio de Janeiro: RCA Victor, 2003. 1 CD. Faixa 1.

Ilustra Cartoon/Arquivo da editora

1 Em sua opinião, por que o título da canção é "Aquarela brasileira"?

2 Como você descreveria o estado onde mora? E a região onde ele está?

As grandes regiões brasileiras

Você aprendeu que o território brasileiro está organizado em 26 estados e um Distrito Federal. Agora, você vai ver que esses estados podem ser agrupados em **regiões**.

O Instituto Brasileiro de Geografia e Estatística (IBGE) divide o território brasileiro em cinco grandes regiões: **Norte**, **Nordeste**, **Sudeste**, **Centro-Oeste** e **Sul**.

Para criar essa divisão foram observadas características naturais e socioeconômicas das diferentes porções do país e os limites estaduais. Essa divisão é utilizada para fins estatísticos, de políticas públicas, de planejamento, entre outros.

1 Observe no mapa abaixo a divisão regional do Brasil proposta pelo IBGE.

Brasil: grandes regiões – 2018

Elaborado com base em: IBGE. **Brasil em números**.
Rio de Janeiro: IBGE, 2018. p. 59.

- Agora, faça no caderno um quadro com todas as regiões, como o modelo abaixo. Complete-o com os colegas e o professor usando as informações do mapa.

Regiões	Estados e Distrito Federal	Siglas	Capitais

2 Em grupo, conversem a respeito do que vocês sabem sobre cada uma dessas regiões. Depois, apresentem as informações aos demais colegas da classe.

Região Sudeste

A região Sudeste concentra o maior número de grandes cidades do Brasil. É a região mais populosa, com aproximadamente 86 milhões de habitantes, em 2018.

A industrialização no Brasil teve início no Sudeste, que ainda concentra a maior parte das indústrias do país, principalmente próximo das cidades de São Paulo, Rio de Janeiro e Belo Horizonte. Suas principais indústrias são:

- **Indústria de transformação** – siderúrgica, de máquinas, de cimento, alimentícia, têxtil, de vestuário, automobilística, entre outras.

- **Indústria extrativa** – produtos vegetais (madeira, látex), pesca industrial, produtos minerais, entre outras.

- **Indústria da construção** – náutica, aeronáutica, bélica, aeroportos, hidrelétricas, construção civil, entre outras.

- **siderúrgica:** indústria que fabrica aço e ferro.

- **látex:** seiva de certas árvores, como a seringueira, utilizada para fabricar a borracha.

- **bélica:** indústria que produz armamentos e materiais para guerra.

1 Observe o mapa político da região Sudeste.

Região Sudeste: político – 2018

Mapa elaborado pela autora com base em: IBGE. **Atlas geográfico escolar**. 8. ed. Rio de Janeiro: IBGE, 2018. p. 171-174.

a) Quais são as duas capitais economicamente mais desenvolvidas do país?

b) Discuta com os colegas e o professor o significado da área delimitada em vermelho no mapa. Fale sobre suas principais características.

2 Converse com os colegas sobre o que vocês conhecem da região Sudeste.

A economia da região Sudeste

Além de ser considerada a mais industrializada do país, a região Sudeste também apresenta um setor agrícola bastante desenvolvido, com destaque para a **agroindústria** – tipo de empresa que combina atividades agrícolas e industriais usando técnicas modernas e mão de obra especializada.

Apesar de predominante no Sudeste, a agroindústria tem se espalhado por outras regiões, transformando produtos agrícolas para o consumo da população.

Entre os principais produtos agrícolas da região, destacam-se a cana-de-açúcar, a laranja e o café.

1 Observe o mapa abaixo.

Região Sudeste: economia – 2016

Mapa elaborado pela autora com base em: IBGE. **Atlas geográfico escolar**. 8. ed. Rio de Janeiro: IBGE, 2018. p. 126-130; IBGE. **Brasil em números**. Rio de Janeiro: IBGE, 2016. p. 226.

a) No mapa, marque as indústrias usando círculos **vermelhos** e as áreas de extração de petróleo fazendo círculos **verdes**.

b) Em que estado há extração de minério de ferro? _____

2 Selecione dois produtos agrícolas cultivados na região Sudeste e cite dois produtos fabricados na agroindústria a partir deles.

_____

_____

Região Sul

A região Sul é economicamente a segunda região mais importante do Brasil, com destaque para os setores agrícola e industrial. Em 2018, sua população ultrapassou 29 milhões de habitantes.

1 Observe abaixo o mapa político da região Sul.

Região Sul: político – 2018

Mapa elaborado pela autora com base em: IBGE. **Atlas geográfico escolar**. 8. ed. Rio de Janeiro: IBGE, 2018. p. 175-177.

a) Escreva o nome de três principais cidades dessa região.

_____

_____

_____

_____

b) Em que estado da região Sul as fronteiras de três países se encontram?

_____

_____

_____

2 No oeste do estado do Paraná está situada a Usina Hidrelétrica **Binacional** de Itaipu. Reveja a imagem de satélite da página 26 e responda: Com qual país vizinho o Brasil tem acordos sobre essa usina?

> **binacional:** que pertence a dois países.

A economia da região Sul

A região Sul recebeu grande número de imigrantes europeus para trabalhar na lavoura, principalmente alemães e italianos.

A agricultura e a pecuária são atividades econômicas que se destacam na região Sul, além da atividade industrial.

1 Observe o mapa ao lado.

a) Cite três produtos agrícolas cultivados nessa região.

b) Quais são os estados sulinos que se destacam na fruticultura? Circule-os de **vermelho**.

c) Quais são os principais rebanhos da região?

Região Sul: economia – 2016

Mapa elaborado pela autora com base em: IBGE. **Atlas geográfico escolar**. 8. ed. Rio de Janeiro: IBGE, 2018. p. 125-130; IBGE. **Brasil em números**. Rio de Janeiro: IBGE, 2016. p. 226.

2 Leia o poema, que trata dos areais, uma ocorrência típica da região Sul do Brasil.

Areais

Quando criança, nos campos da tia Amélia,
brinquei nos areais, ao sol do meio-dia.
Era proibido brincar, ao sol do meio-dia.
Quando adulto, nos campos da tia Amélia,
voltei aos areais.
Ao sol do meio-dia, lá eles não estão mais.

SUERTEGARAY, Dirce. **Deserto Grande do Sul**. Porto Alegre: Ed. da UFRGS, 1998. p. 69.

a) Você já ouviu falar dos areais do sul do país? Como você imagina que eles são?

b) Na última estrofe é dito que "lá eles não estão mais". O que pode ter acontecido com os areais dos campos da tia Amélia? Discuta essa situação com os colegas e verifique se é possível fazer algo para solucioná-la.

Região Nordeste

O Nordeste do Brasil é uma região que apresenta grande variedade de paisagens, desde as praias do litoral, mais úmido, até o Sertão, que sofre com secas periódicas. É a segunda região mais populosa do país, com mais de 56 milhões de habitantes no ano de 2018.

Sugestão de...
Livro
Viagem pelo rio São Francisco, de Helena Guimarães Campos. Belo Horizonte: Fino Traço, 2012.

1 Observe no mapa abaixo os estados e as principais cidades que compõem a região Nordeste.

Região Nordeste: político – 2018

a) Qual é a única capital nordestina que não está situada no litoral?

_____

b) Cite o nome de outras quatro cidades importantes dessa região.

_____

_____

_____

_____

Mapa elaborado pela autora com base em: IBGE. **Atlas geográfico escolar**. 8. ed. Rio de Janeiro: IBGE, 2018. p. 162-170.

2 No caderno, escreva uma frase usando as seguintes palavras:

capital	Maceió	cidade	litoral

Alagoas	Piauí	interior	Picos

A economia da região Nordeste

No Nordeste são desenvolvidas diversas atividades econômicas. A região se destaca como principal produtora de sal marinho e abriga importantes **jazidas** de petróleo.

jazidas: depósitos naturais de fósseis economicamente exploráveis, encontrados no solo ou no subsolo.

1 Observe o mapa a seguir.

Região Nordeste: economia – 2016

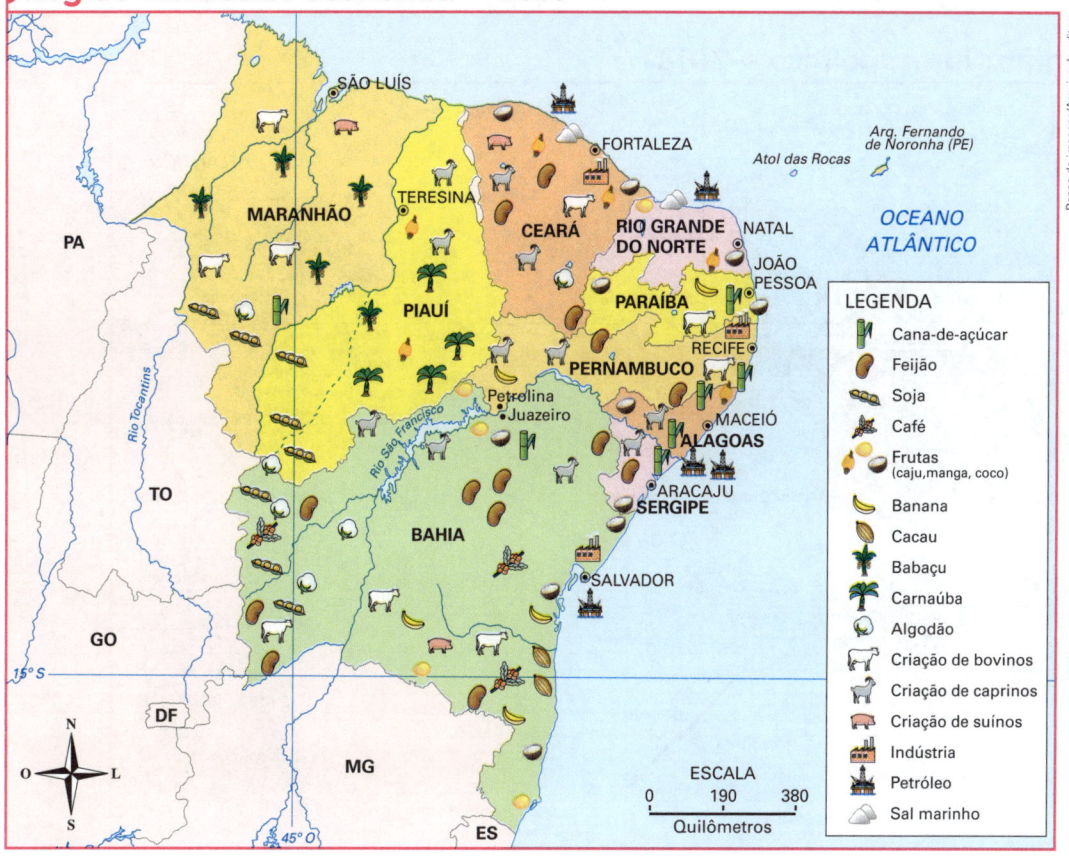

Mapa elaborado pela autora com base em: IBGE. **Atlas geográfico escolar**. 8. ed. Rio de Janeiro: IBGE, 2018. p. 125-130; IBGE. **Brasil em números**. Rio de Janeiro: IBGE, 2016. p. 226.

a) Quais são os principais produtos do **extrativismo vegetal** no Nordeste?

b) Quais são os principais produtos da agricultura da região?

extrativismo vegetal: atividade de extração de recursos naturais de origem vegetal.

c) Complete o quadro de acordo com o mapa.

Produtos	Principais estados produtores
Sal marinho	
Banana	
Criação de caprinos	

2 O que você conhece sobre a região Nordeste? Converse com os colegas.

Região Norte

A região Norte é a maior do país em área, mas possui pouca população. Em 2018, a população era de mais de 17 milhões de habitantes.

É conhecida pela presença da Floresta Amazônica e de muitos rios. Também concentra a maior porcentagem da população indígena do país.

1 Observe no mapa abaixo os estados e as principais cidades dessa região.

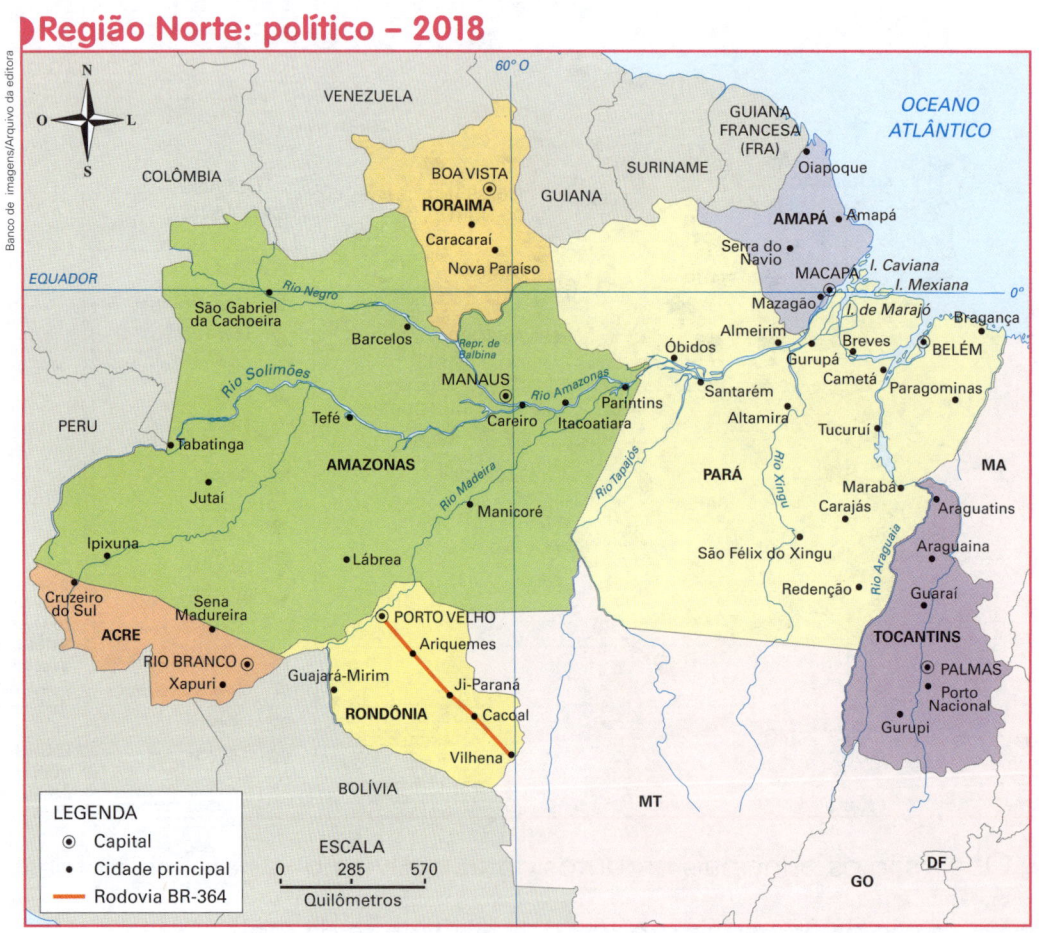

Região Norte: político – 2018

Mapa elaborado pela autora com base em: IBGE. **Atlas geográfico escolar**. 8. ed. Rio de Janeiro: IBGE, 2018. p. 155-161.

a) Onde se localizam as principais cidades da região Norte? Assinale.

☐ No litoral. ☐ Ao longo dos rios.

b) E, no estado de Rondônia, como as cidades se distribuem?

___

2 Converse com os colegas e o professor: Por que as cidades se distribuem dessa forma na região Norte?

A economia da região Norte

A grande diversidade de espécies vegetais e animais da Floresta Amazônica e a abundância de minerais em seu subsolo fazem da região Norte um dos espaços mais ricos do mundo em recursos naturais. Atualmente, esses recursos estão sendo muito explorados, principalmente o minério de ferro no estado do Pará.

1 Observe o mapa a seguir.

Região Norte: economia – 2016

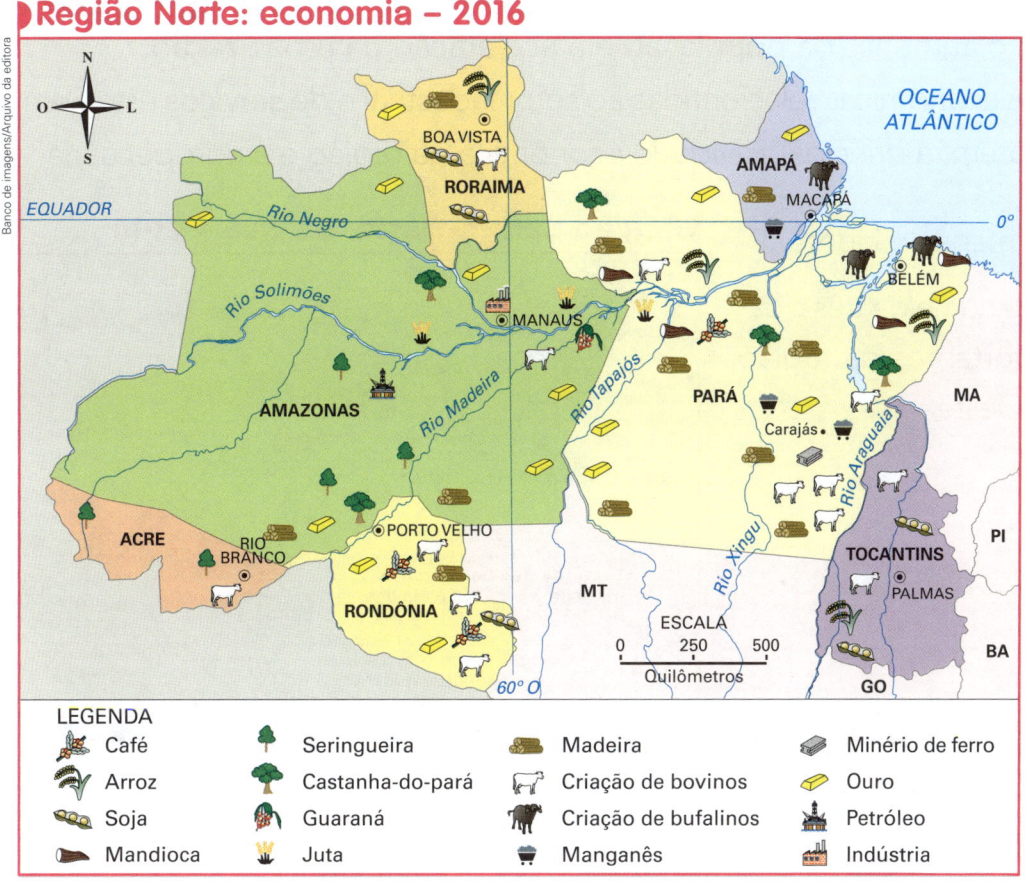

Mapa elaborado pela autora com base em: IBGE. **Atlas geográfico escolar**. 8. ed. Rio de Janeiro: IBGE, 2018. p. 125-129; IBGE. **Brasil em números**. Rio de Janeiro: IBGE, 2016. p. 226.

a) Complete o quadro com as informações do mapa.

Dois produtos do extrativismo vegetal	Dois recursos minerais e energéticos

b) Circule de **vermelho** no mapa os produtos do extrativismo vegetal e de **verde** os produtos do extrativismo mineral e energético.

c) Qual é o estado com maior concentração de recursos naturais?

_____

2 Converse com os colegas sobre um importante problema dessa região.

Região Centro-Oeste

A população da região Centro-Oeste é a menor do país, embora tenha crescido bastante nos últimos setenta anos. Em 1940, a região contava pouco mais de 1 milhão de habitantes. Em 2018 já havia ultrapassado os 15 milhões.

A construção de Brasília, a abertura de estradas, o clima e o relevo favoráveis ao plantio e à pecuária, a facilidade para comprar terras, além de outros incentivos do governo, estão entre os fatores que atraíram migrantes para a região, o que contribuiu para o aumento da população e a aceleração da urbanização.

As atividades econômicas relacionadas ao setor industrial e de serviços estão em crescimento. Porém, a principal atividade econômica da região é a agropecuária.

1 Observe o mapa ao lado.

- Escreva o nome de três cidades importantes da região Centro-Oeste.

_____

_____

_____

2 Por que a construção de Brasília atraiu migrantes para essa região? Troque ideias com os colegas e o professor.

Região Centro-Oeste: político – 2018

Mapa elaborado pela autora com base em: IBGE. **Atlas geográfico escolar**. 8. ed. Rio de Janeiro: IBGE, 2018. p. 178-180.

Minha coleção de palavras em Geografia

Uma atividade econômica importante no Brasil é a agropecuária.

> AGROPECUÁRIA

O que significa agropecuária?

A economia da região Centro-Oeste

Grande parte da região Centro-Oeste é recoberta pela vegetação de Cerrado e por florestas. Mas, com a expansão das plantações e criações de gado, elas correm o risco de desaparecer.

Os produtos agrícolas mais cultivados nessa região são soja, algodão, milho, cana-de-açúcar e feijão. Na pecuária, destaca-se a criação de gado bovino, que representa o maior rebanho do país e se destina, em grande parte, aos frigoríficos do Sul e do Sudeste e à exportação.

1 Observe o mapa abaixo.

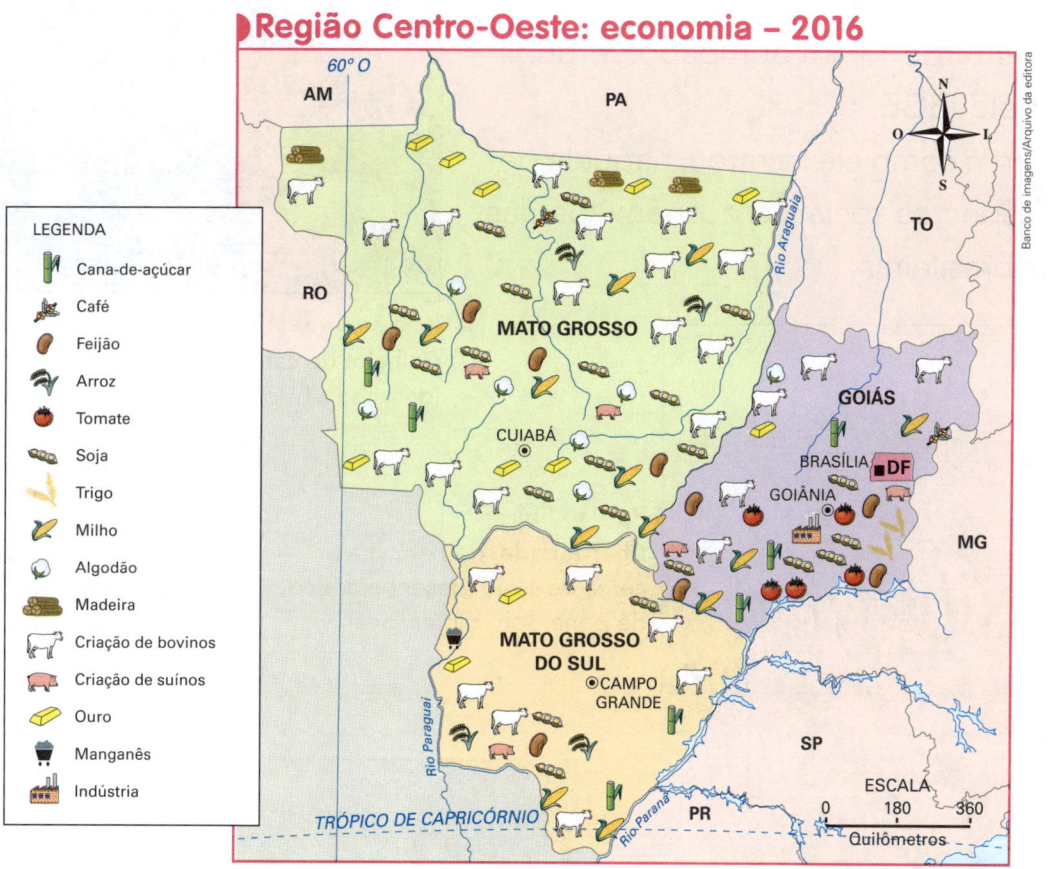

Região Centro-Oeste: economia – 2016

Mapa elaborado pela autora com base em: IBGE. **Atlas geográfico escolar**. 8. ed. Rio de Janeiro: IBGE, 2018. p. 125-130; IBGE. **Brasil em números**. Rio de Janeiro: IBGE, 2016. p. 226.

a) Em que estado há mais jazidas de ouro? _____

b) Qual estado se destaca na criação de bovinos? _____

c) Onde há indústrias na região? _____

2 Qual é a grande ameaça para as áreas de floresta e de Cerrado da região Centro-Oeste? Discuta a questão com os colegas e o professor.

Representações regionais

As regiões brasileiras também podem ser conhecidas e estudadas por meio de representações gráficas, fotos, desenhos, filmes, charges, entre outras.

Nas décadas de 1940 e 1950, o desenhista Percy Lau retratou costumes e aspectos do Brasil com desenhos a **bico de pena**, que mais tarde foram agrupados e publicados pelo IBGE.

Observe como ele retratou, naquele período, aspectos sociais e econômicos das regiões brasileiras.

Região Sudeste:
Colheita do café, de Percy Lau, cerca de 1940 (desenho a bico de pena, sem dimensões).

Região Sul:
Charqueada, de Percy Lau, cerca de 1940 (desenho a bico de pena, sem dimensões).

bico de pena:
instrumento feito de pena de ganso ou de metal usado para escrever e desenhar com tinta nanquim.

Região Nordeste:
Fabricante de farinha, de Percy Lau, cerca de 1940 (desenho a bico de pena, sem dimensões).

Região Norte:

Pesca do pirarucu, de Percy Lau, cerca de 1940 (desenho a bico de pena, sem dimensões).

Região Centro-Oeste:

Boiadeiro, de Percy Lau, cerca de 1940 (desenho a bico de pena, sem dimensões).

1 Converse com os colegas e o professor sobre as atuais atividades econômicas das regiões representadas por Percy Lau, com base no que vocês estudaram neste capítulo.

● Agora, complete o quadro.

Região	Representações de atividades de cerca de 1940-1950	Atividade atualmente
Sudeste	Colheita do café	
Sul	Charqueada (produção de carne salgada)	
Nordeste	Produção de farinha	
Centro--Oeste	Condução do gado (pecuária)	
Norte	Pesca do pirarucu	

2 Agora, você vai fazer a representação de algumas atividades econômicas como fez Percy Lau. Use a técnica de desenho que preferir ou faça colagens.

- Desenhe ou cole imagens atuais das principais atividades econômicas de cada região. Anote o nome da atividade representada.

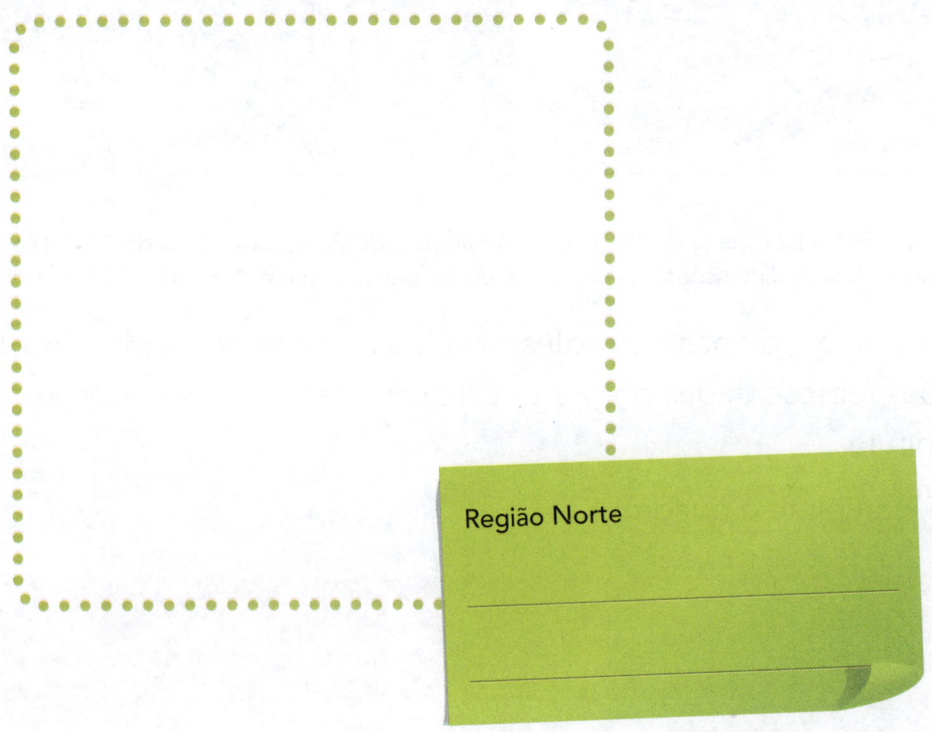

Região Norte

_____

_____

Região Sul

_____

_____

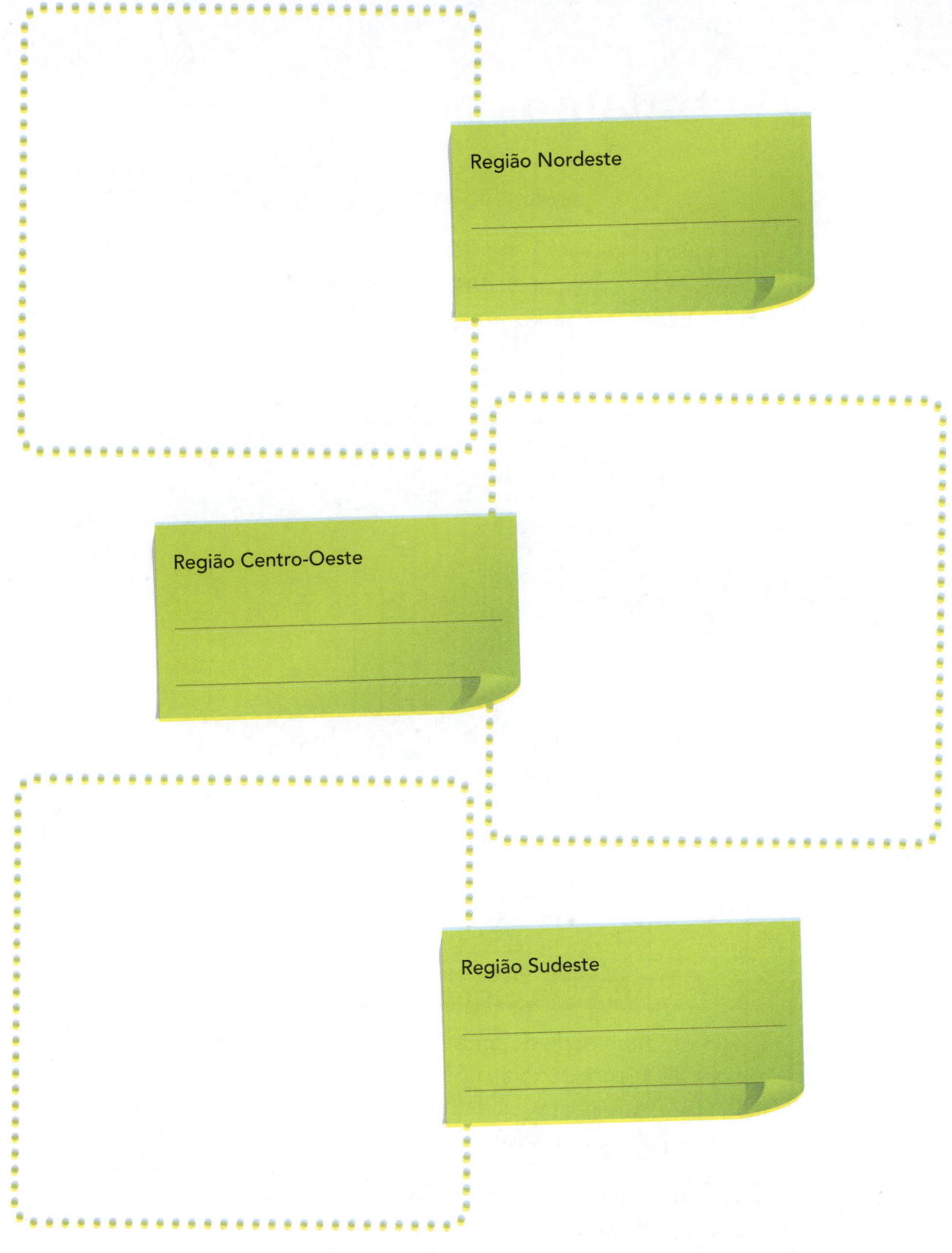

Região Nordeste

_____

_____

Região Centro-Oeste

_____

_____

Região Sudeste

_____

_____

3 Com três colegas, pesquisem três atividades econômicas importantes no estado onde vocês vivem. Colem imagens dessas atividades em uma cartolina e escrevam um pequeno texto sobre a economia do estado.

O que estudamos

Eu escrevo e aprendo

Nesta atividade você vai utilizar a **linguagem escrita** para retomar o que estudou na unidade. Escreva abaixo uma frase sobre o que você estudou em cada capítulo.

Capítulo 5 – Diferentes culturas e muitas cidades

_____

_____

_____

Capítulo 6 – Diversidade regional

_____

_____

_____

Minha coleção de palavras em Geografia

Em cada capítulo desta unidade há uma palavra destacada para a sua coleção de palavras em Geografia. São palavras comuns em textos de Geografia e vão ajudar você a compreender melhor todos eles. Reveja essas palavras ao lado.

PARANÁ, página 109.

AGROPECUÁRIA, página 126.

1. O que você aprendeu com essas duas palavras? Converse com os colegas e o professor.

2. Em um quadro no caderno, escreva essas duas palavras e o significado de cada uma delas. O significado deve estar relacionado ao que você aprendeu no capítulo.

Eu desenho e aprendo

Nesta atividade você vai utilizar a **linguagem gráfica** para retomar o que estudou na unidade. Desenhe abaixo o que você considerou mais importante em cada capítulo. Se preferir, faça uma colagem.

Capítulo 5 – Diferentes culturas e muitas cidades

Capítulo 6 – Diversidade regional

Hora de organizar o que estudamos

Três principais grupos que formaram a população brasileira

- Indígenas.

Indígenas kalapalos no Parque Indígena do Xingu, no estado de Mato Grosso, 2006.

- Brancos.

Crianças em São Paulo, no estado de São Paulo, 2017.

- Negros.

Bonecas Abayomi, 2017.

Contribuição de imigrantes nas artes

Bananal, de Lasar Segall, 1927 (óleo sobre tela, de 87 cm × 127 cm).

Colheita de café, de Tomoo Handa, 1958 (óleo sobre tela, de 90 cm × 70 cm).

Principais grupos de imigrantes que vieram para o Brasil

- Portugueses.
- Espanhóis.
- Japoneses.
- Haitianos.
- Italianos.
- Alemães.
- Árabes.
- Bolivianos.

O Brasil urbano-industrial

Brasil: urbanização – 2010

Mapa elaborado pela autora com dados de: IBGE. **Brasil em números**. Rio de Janeiro: IBGE, 2018. p. 86-87.

Brasil: indústria – 2010

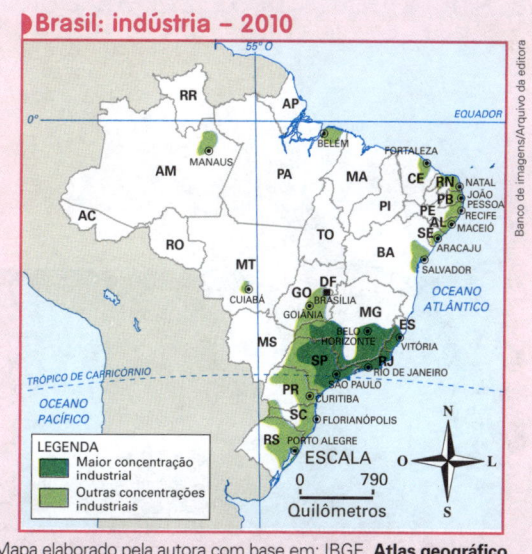

Mapa elaborado pela autora com base em: IBGE. **Atlas geográfico escolar**. 8. ed. Rio de Janeiro: IBGE, 2018. p. 134-136.

Cidades planejadas no Brasil

Brasília, no Distrito Federal, 2019.

Grandes regiões brasileiras

Brasil: grandes regiões – 2018

Elaborado com base em: IBGE. **Brasil em números**. Rio de Janeiro: IBGE, 2018. p. 59.

Para você refletir e conversar

- Qual assunto você achou mais importante nesta unidade? E qual achou mais difícil de entender?

- Qual é a importância de estudarmos os diversos povos que contribuíram para a formação da população brasileira?

- Você identifica no lugar onde mora hábitos e costumes que vieram de outras regiões do país? Quais?

4

O ser humano e a natureza

Felix Reiners/Arquivo da editora

- O que você observa na ilustração? Que elementos naturais você identifica nela?

- No município onde você mora há paisagens como esta?

- Como os elementos desta paisagem podem ser utilizados pelos seres humanos em suas atividades?

O espaço natural brasileiro

Que paisagem natural do Brasil você acha mais bonita? Por quê?

Para iniciar

Leia o poema.

Minha terra

Todos cantam sua terra,
Também vou cantar a minha;
Nas débeis cordas da Lira
Hei de fazê-la rainha.
– Hei de dar-lhe a realeza
Nesse trono de beleza
Em que a mão da natureza
Esmerou-se em quanto tinha.

Correi pras bandas do sul;
Debaixo dum céu de anil
Encontrareis o gigante
Santa Cruz, hoje Brasil;
– É uma terra de esplendores,
Alcatifada de flores,
Onde a brisa fala amores
Nas belas tardes de Abril.

Tem tantas belezas, tantas,
A minha terra natal,
Que nem as sonha um poeta
E nem as canta um mortal!
– É uma terra encantada,
– Mimoso jardim de fada –
– Do mundo todo invejada,
Que o mundo não tem igual,
[...]

ABREU, Casimiro de. Minha terra. In: **Poesias completas**.
Rio de Janeiro: Edições de Ouro/Editora Tecnoprint S.A., [s.d.]. p. 23.

Ilustra Cartoon/Arquivo da editora

1 No poema, circule as palavras que você não conhece. Com o professor, procure o significado dessas palavras no dicionário.

2 Cite duas belezas do Brasil que o poeta descreveu.

Altitudes médias e muitos rios

No Brasil, há uma diversidade de formas de relevo. As principais são: **planaltos**, **planícies** e **depressões**.

1 Observe no mapa abaixo como essas formas de relevo estão distribuídas pelo território brasileiro.

Brasil: relevo

LEGENDA
- Planaltos
- Depressões
- Planícies

ESCALA
0 — 460 — 920
Quilômetros

Elaborado com base em: ROSS, Jurandyr (Org.). **Geografia do Brasil**. 6. ed. São Paulo: Edusp, 2014. p. 53.

Banco de imagens/Arquivo da editora

a) Qual é a forma de relevo predominante:

- no Brasil? _____

- no estado onde você mora? _____

b) Que forma de relevo acompanha o rio Amazonas, maior rio brasileiro em extensão? _____

c) Localize no mapa o rio São Francisco e o rio Paraná. Identifique em que forma de relevo eles estão situados. _____

_____

2 Quais formas de relevo você já viu nos lugares aonde já foi?

As características das formas de relevo

Vamos conhecer um pouco sobre os **planaltos**, as **planícies** e as **depressões**, as principais formas de relevo do Brasil? Observe a ilustração e as fotos a seguir.

PLANALTO

Planalto em Bueno Brandão, no estado de Minas Gerais, 2016. **Planaltos** são superfícies elevadas, mais ou menos planas, delimitadas por inclinações íngremes. Geralmente nos planaltos ocorre muita erosão. Nos planaltos brasileiros são encontradas **serras** e **chapadas**.

SERRA

Serra em São Francisco do Sul, no litoral do estado de Santa Catarina, 2016. **Serras** são superfícies com fortes desníveis, como as escarpas de planaltos.

Ilustração esquemática. Na realidade, essas formas de relevo não ocorrem todas no mesmo lugar.

CHAPADA

Chapada Diamantina, em Palmeiras, no estado da Bahia, 2016. **Chapadas** são planaltos com o topo plano, em forma de mesa.

Ingeborg Asbach/Arquivo da editora

3
DEPRESSÃO

1
PLANALTO

2
PLANÍCIE

PLANÍCIE

Andre Dib/Pulsar Imagens

Planície no Parque Nacional do Pantanal Mato-Grossense, em Poconé, no estado de Mato Grosso, 2017. **Planícies** são superfícies planas ou pouco onduladas, geralmente situadas em baixas altitudes e caracterizadas pela sedimentação.

DEPRESSÃO

Alamy/Fotoarena

Depressão no Parque Nacional dos Veadeiros, em Alto Paraíso de Goiás, no estado de Goiás, 2014. **Depressões** são áreas rebaixadas entre áreas mais elevadas (planaltos). Apresentam formas planas ou levemente onduladas.

E as cadeias de montanhas?

Alamy/Fotoarena

Montanhas Rochosas nos Estados Unidos, 2016. **Montanhas** são áreas muito elevadas, com as laterais bastante inclinadas. Geralmente aparecem agrupadas, formando cadeias montanhosas ou cordilheiras. No Brasil não existem cadeias de montanhas.

Os rios no Brasil

Os **rios** sempre correm de lugares de maior altitude para lugares de menor altitude. Suas águas retiram sedimentos das partes mais altas (dos planaltos, por exemplo) e os depositam nas partes mais baixas (como as planícies).

● **Sugestão de... Livro**
ABC da água, de Selma Maria. São Paulo: Panda Books, 2015.

1 Observe na ilustração as partes de um rio.

1 **Nascente**: lugar onde o rio nasce.

2 **Afluente**: rio que deságua em outro rio.

3 **Foz**: lugar onde o rio termina, isto é, onde lança suas águas – pode ser em outro rio, no mar ou em um lago.

Elaborado com base em: TIME Life. **Ciência e natureza**: Geografia. Rio de Janeiro: Abril Livros, 1996. p. 26-27.

● Identifique na ilustração: as **nascentes** com o número 1, os **afluentes** com o número 2 e a **foz** dos rios com o número 3.

2 A área ocupada por um rio principal e seus afluentes é chamada de **bacia hidrográfica**. Observe no mapa ao lado a divisão e a localização das principais bacias hidrográficas brasileiras.

a) Que bacia hidrográfica ocupa a maior parte do território brasileiro?

_____

b) O estado onde você mora situa-se em qual bacia hidrográfica?

Brasil: bacias hidrográficas

Mapa elaborado pela autora com base em: Agência Nacional de Águas (ANA). **Conjuntura dos recursos hídricos no Brasil**: Informe 2015. Brasília: ANA, 2015. p. 22.

c) Agora você vai utilizar a rosa dos ventos que fez para a atividade da página 46. Coloque-a sobre o mapa, leia as informações a seguir e responda em que direção correm os rios:

- São Francisco, que nasce na serra da Canastra e tem sua foz no oceano Atlântico. _____

- Paraná, que depois de percorrer estados brasileiros e outros países, despeja suas águas no oceano Atlântico. _____

Minha coleção de palavras em Geografia

Neste capítulo você estudou a hidrografia do Brasil. Vamos pensar agora sobre a relação entre os rios e os oceanos.

> OCEANO

1. O que é um oceano?

2. Você sabia que as águas dos rios brasileiros vão para o oceano Atlântico? Por que isso acontece?

Um país tropical

Diariamente na televisão, no rádio e nos jornais divulgam-se notícias sobre as condições do tempo em algumas regiões: como está o tempo hoje, como estará amanhã, se vai fazer frio ou calor, se vai chover ou não. Em geral, usamos a palavra **tempo** para indicar as condições da atmosfera, principalmente a temperatura e a umidade nos diferentes horários do dia. Veja o mapa.

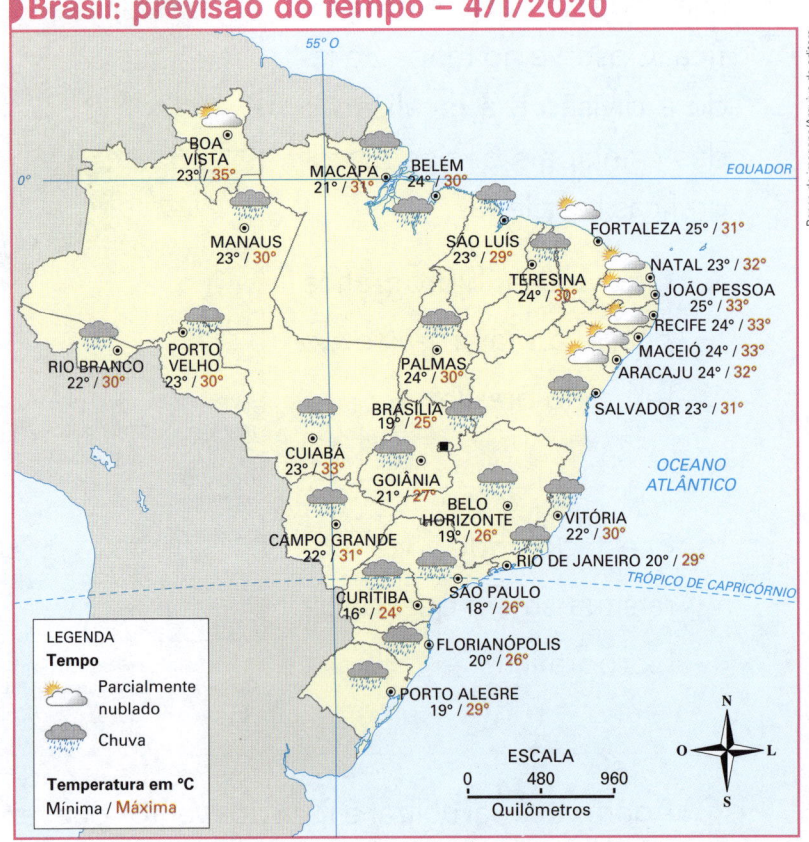

Brasil: previsão do tempo – 4/1/2020

Elaborado com base em: Atmosfera – Brasil. **Folha de S.Paulo**. São Paulo, 4 jan. 2020. Cotidiano, A13.

1. De acordo com o mapa, que tempo foi previsto para a maioria das capitais dos estados brasileiros no dia 4/1/2020? _____

2. Para quais capitais não havia previsão de chuva? _____

_____

3. Os números que aparecem próximos do nome das capitais indicam a temperatura mínima (mais baixa) e a máxima (mais alta) ao longo do dia. A temperatura é medida em graus: 23 °C = 23 graus Celsius. Sabendo disso, responda:

   a) Que capital teve previsão de temperatura mais alta? _____

   b) Onde estava previsto fazer mais frio? _____

   c) Qual foi a previsão do tempo para a capital do estado onde você mora?

   _____

O clima

O **clima** de um lugar depende das condições do tempo que são predominantes na maior parte do ano e que se repetem ano após ano.

A luz e o calor do Sol atingem a superfície da Terra com intensidades diferentes: há regiões que são iluminadas diretamente pelos raios solares e outras em que esses raios chegam mais inclinados, sendo mais frias. Cada uma dessas regiões recebe o nome de **zona climática**.

O planeta Terra é dividido em três zonas climáticas, separadas por linhas imaginárias. Observe o mapa abaixo e localize nele o Brasil.

Mundo: zonas climáticas

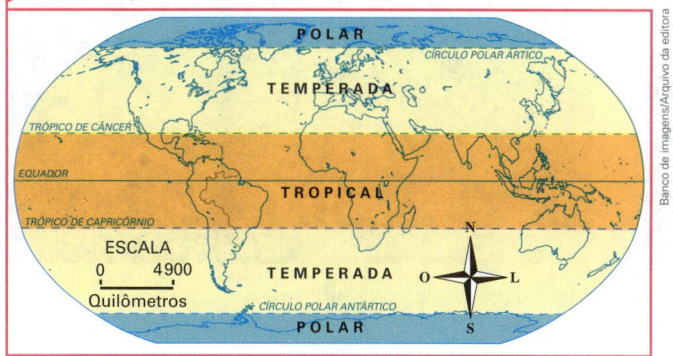

Elaborado com base em: IBGE. **Atlas geográfico escolar**. 8. ed. Rio de Janeiro: IBGE, 2018. p. 58.

Zonas polares
Nestas regiões faz muito frio o ano todo, as terras são geladas e praticamente não são habitadas.

Zonas temperadas
Nestas regiões as estações do ano são bem definidas e as temperaturas são mais baixas do que na zona tropical.

Zona tropical
Nestas regiões o calor é predominante o ano todo, sobretudo nas áreas próximas à linha do equador.

Quase a totalidade do território brasileiro está situada na zona tropical, que é a região mais quente do planeta Terra. Por essa razão, podemos dizer que os climas brasileiros são predominantemente quentes. A região Sul é a única que está fora dessa zona. Observe o mapa ao lado.

Brasil: clima

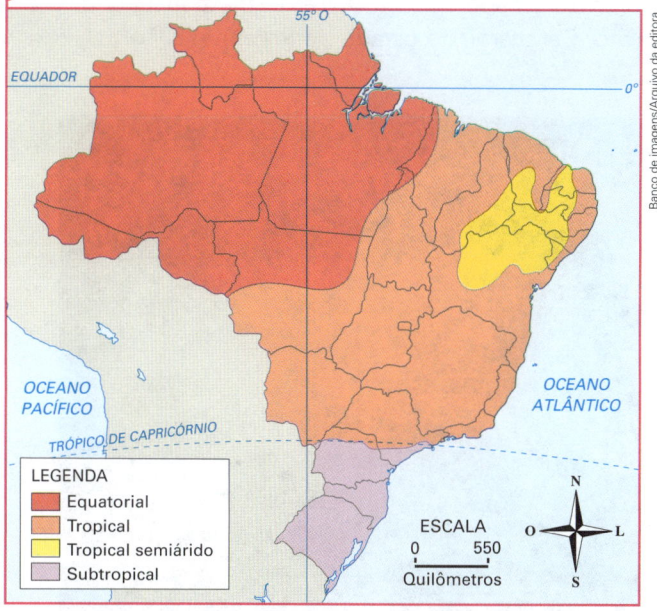

LEGENDA
Equatorial
Tropical
Tropical semiárido
Subtropical

Elaborado com base em: ROSS, Jurandyr (Org.). **Geografia do Brasil**. 6. ed. São Paulo: Edusp, 2014. p. 107.

1 Com base no mapa ao lado, anote o tipo de clima predominante no estado onde você mora.

2 Com a orientação do professor, indique um tipo de clima bem diferente daquele que predomina no estado onde você mora. _____

A vegetação

A existência de diferentes tipos de **vegetação** está relacionada à disponibilidade de água e ao tipo de clima e de solo do local.

Observe nas fotos a seguir as principais paisagens vegetais típicas do Brasil e leia nas legendas as características de cada uma delas.

Floresta Amazônica: apresenta vários tipos de espécies vegetais de diferentes alturas, árvores muito altas e próximas umas das outras. O clima nessa região é quente e úmido. Originalmente, estendia-se por mais da metade do território brasileiro. Hoje está bastante desmatada. Na foto, Caracaraí, no estado de Roraima, 2016.

Mata Atlântica: semelhante ao que ocorre com a Floresta Amazônica, a Mata Atlântica reúne formações vegetais variadas, que incluem desde árvores altas até plantas rasteiras. Foi bastante desmatada e está quase desaparecida de sua área original. Na foto, São Lourenço da Serra, no estado de São Paulo, 2016.

Mata dos Cocais: formada principalmente por duas espécies de palmeira: a carnaúba e o babaçu. Ocupa parte dos estados do Maranhão e do Piauí. Na foto, Nazária, no estado do Piauí, em 2015.

Mata dos Pinhais: ocorre nas áreas mais frias e de maior altitude do sul do Brasil. A espécie predominante é o pinheiro-do-paraná ou araucária. Na foto, São Francisco de Paula, no estado do Rio Grande do Sul, 2015.

Caatinga: vegetação adaptada à escassez de água. Quase todas as plantas perdem as folhas na época da seca. Na época da chuva a vegetação é verde e viçosa. É predominante no sertão do Nordeste. Na foto, Xique-xique, no estado da Bahia, 2019.

Campos: ocorrem principalmente no Sul do Brasil. São formados por gramíneas e ervas baixas. Na foto, São Borja, no estado do Rio Grande do Sul, 2017.

Vegetação litorânea: acompanha o litoral brasileiro. É representada pelos mangues e pela vegetação de restingas e de dunas. Na foto, vegetação de mangue em Porto das Pedras, no estado de Alagoas, 2016.

Vegetação do Pantanal: é muito variada; apresenta matas fechadas, campos limpos ou cerrados. Ocorre na área do Pantanal. Na foto, Miranda, no estado de Mato Grosso do Sul, 2016.

Cerrado: vegetação caracterizada por pequenas árvores de troncos torcidos e recurvados e de folhas grossas espalhadas em meio a uma vegetação rala e rasteira, misturando-se, às vezes, com campos limpos ou matas de árvores não muito altas. Predomina no Centro-Oeste do Brasil. Na foto, Pirenópolis, no estado de Goiás, 2015.

Alguns tipos de vegetação foram intensamente desmatados no Brasil, pouco restando de sua área original. Grande parte da vegetação nativa do planeta Terra já foi modificada ou desapareceu por causa da ação humana. Há séculos os seres humanos derrubam as florestas para fazer cultivos, pastos, construir cidades ou estradas, entre outras transformações.

1 Observe no mapa a distribuição de cada tipo de vegetação nativa do Brasil.

a) Compare o mapa abaixo com o mapa de clima da página 145. Depois, escreva no quadro o nome da vegetação nativa que predomina nas áreas de ocorrência dos climas selecionados.

Brasil: vegetação nativa

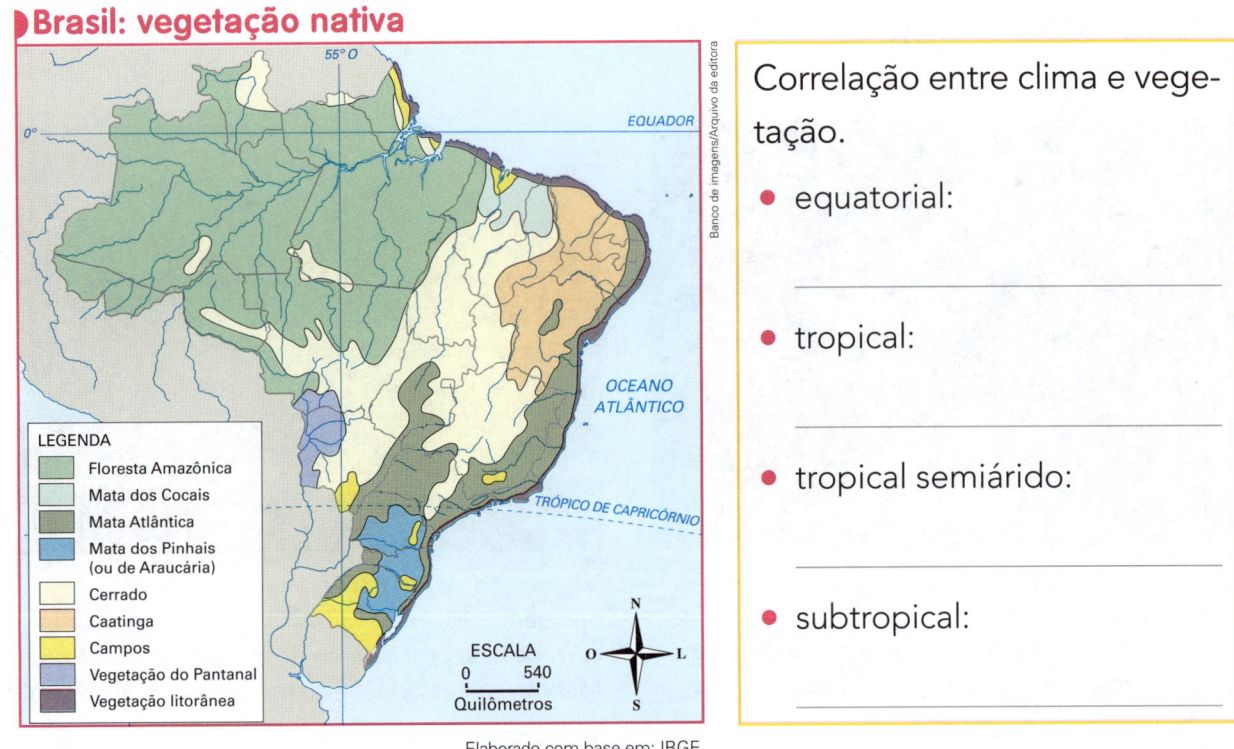

Correlação entre clima e vegetação.

- equatorial:

  _____

- tropical:

  _____

- tropical semiárido:

  _____

- subtropical:

  _____

Elaborado com base em: IBGE.
Atlas nacional do Brasil. Rio de Janeiro: IBGE, 2010. p. 87.

b) Escreva o nome da vegetação nativa que ocupava a maior área do território brasileiro.

_____

2 Observe novamente as paisagens das páginas 146 e 147. Qual delas retrata a vegetação nativa do estado onde você mora?

_____

3 Observe no mapa ao lado a situação atual da distribuição da vegetação no Brasil. Compare-o com o mapa da página anterior.

a) O que aconteceu com a Mata Atlântica e com a Mata dos Pinhais?

_____

_____

_____

b) O que está acontecendo com o Cerrado e com a Floresta Amazônica?

_____

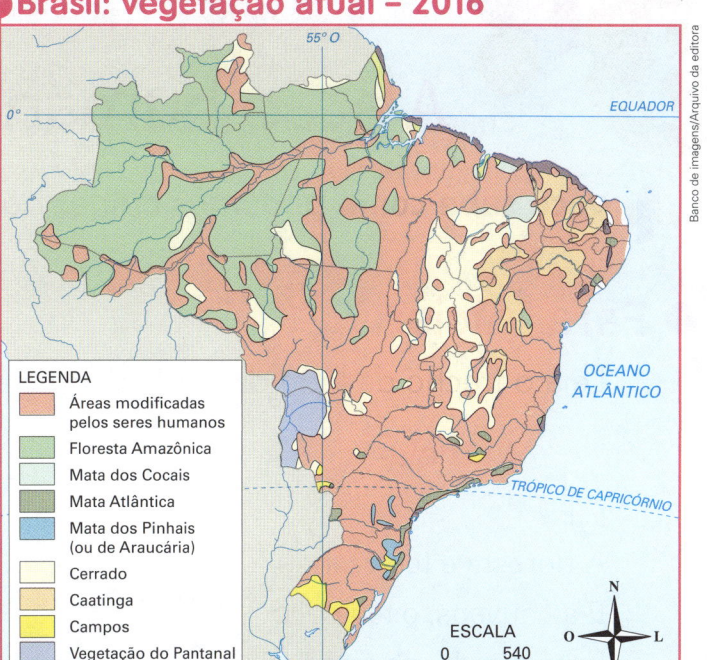

Brasil: vegetação atual – 2016

LEGENDA
- Áreas modificadas pelos seres humanos
- Floresta Amazônica
- Mata dos Cocais
- Mata Atlântica
- Mata dos Pinhais (ou de Araucária)
- Cerrado
- Caatinga
- Campos
- Vegetação do Pantanal
- Vegetação litorânea

ESCALA
0 — 540
Quilômetros

Mapa elaborado pela autora com base em: IBGE. **Atlas geográfico escolar**. 8. ed. Rio de Janeiro: IBGE, 2018. p. 102.

c) Atualmente, como está a situação da vegetação no estado onde você vive?

Assim também aprendo

1. Observe a tira a seguir e discuta com os colegas e o professor sobre os dois primeiros quadrinhos. Vocês devem falar sobre dois possíveis problemas que poderão acontecer nesse lugar.

2. Agora, com base em toda a tira, escreva em uma folha à parte um pequeno texto sobre a importância das árvores. Entregue ao professor.

CEDRAZ. **Xaxado**. Salvador: Estúdio Cedraz, 2005. p. 12.

A ação humana no meio natural

Você sabe como podemos cuidar do ambiente em que vivemos?

Para iniciar

Leia o trecho da letra da canção a seguir.

Estrelada

[...]

A floresta é teu vestido

E as nuvens, o teu colar

És tão linda, oh minha Terra

Consagrada em teu girar

[...]

Os teus homens não têm juízo

Esqueceram tão grande amor

Ofereces os teus tesouros

Mas ninguém dá o teu valor.

[...]

NASCIMENTO, Milton;
BORGES, Márcio. Estrelada.
Intérprete: Milton Nascimento.
In: **Angelus**. Rio de Janeiro:
Warner Music Brasil, 1993.
1 CD. Faixa 2.

Ilustra Cartoon/Arquivo da editora

1 A letra da canção diz que a Terra oferece seus tesouros aos seres humanos. Que tesouros são esses?

2 O que significa o verso "Mas ninguém dá o teu valor"?

🦜 Extrair para usar

O ser humano produz tudo de que necessita para viver: moradias, roupas, alimentos, móveis, veículos, utensílios domésticos e muito mais.

Para fabricar esses produtos, ele usa **recursos** que a natureza oferece: luz solar, água, solo, minerais, vegetais, animais, entre outros.

A **atividade extrativa**, ou **extrativismo**, consiste em retirar recursos da natureza para consumo ou fabricação de produtos.

Observe nas ilustrações a seguir os diferentes tipos de extrativismo.

Vegetal	Animal	Mineral

Ilustrações: Ilustra Cartoon/Arquivo da editora

Extração de madeira ou de substâncias e folhas de alguns vegetais para a fabricação de produtos.

Pesca e caça de animais para o consumo humano e para a fabricação de produtos.

Extração de minerais, como ouro, carvão mineral, entre outros, para a fabricação de produtos.

1 Apresente para a classe um exemplo de cada tipo de extrativismo.

2 Com a orientação do professor, reúna-se com dois colegas. Juntos, identifiquem produtos fabricados com recursos naturais obtidos a partir do extrativismo.

Atividades extrativas

Existem diferentes maneiras de extrair recursos da natureza. Algumas atividades extrativas são executadas de modo simples e tradicional, enquanto outras são totalmente modernizadas e desenvolvidas com tecnologia avançada.

1 Observe nas fotos algumas técnicas empregadas na extração de recursos naturais.

Extrativismo vegetal

Colheita de açaí em Cachoeira do Arari, no estado do Pará, 2015.

Extrativismo animal

Pesca com rede em Itacaré, no estado da Bahia, 2016.

Extrativismo mineral

Extração de minério de ferro em São Gonçalo do Rio Abaixo, no estado de Minas Gerais, 2015.

- Indique em qual dessas situações o uso da tecnologia está mais presente.

2 Procure saber se no município ou estado onde você mora é praticado algum tipo de extrativismo. Comente com os colegas e o professor.

3 A extração de látex das seringueiras, para produção de borracha, é uma atividade que pode ser realizada com a conservação da vegetação nativa (como em partes da Floresta Amazônica) ou em áreas com seringueiras plantadas. Observe nas imagens essas duas técnicas.

Extração de látex em Xapuri, no estado do Acre, 2014.

Extração de látex em Neves Paulista, no estado de São Paulo, 2014.

a) Qual foto retrata a extração de látex com a conservação da floresta? Como você identificou isso?

_____

_____

b) Você já sabe o nome de dois estados brasileiros onde há seringueiras. Anote o nome desses estados e pesquise mais um estado onde existem essas árvores. Consulte o mapa da página 125.

_____

O extrativismo e as alterações no ambiente

Muitas vezes, ao extrair e utilizar os recursos naturais, os seres humanos transformam as paisagens e alteram o ambiente. Essas alterações podem ter maior ou menor impacto, mas sempre modificam a natureza. Veja a seguir um exemplo.

No município de Itabira, no estado de Minas Gerais, houve grande extração de minério de ferro, principalmente no pico do Cauê. Veja as fotos a seguir.

Itabira, no estado de Minas Gerais, na década de 1930, com o pico do Cauê ao fundo.

Itabira, na década de 1990. Após a extração do minério de ferro, nota-se que o pico do Cauê desapareceu por completo.

Podemos perceber, ao comparar as fotos acima e ler as legendas, que a extração de minérios provoca alterações que modificam o ambiente.

Outro exemplo é o mercúrio utilizado na extração do ouro. O mercúrio polui os rios, pois é tóxico e é jogado diretamente nas águas. Com isso, milhares de peixes são envenenados, outras espécies de animais e de plantas são ameaçadas, e a saúde de pessoas que se alimentam delas é prejudicada.

Dragas extraem ouro no leito do rio Madeira em Novo Aripuanã, no estado do Amazonas, 2016.

1 O que você percebeu ao comparar as fotos de Itabira?

_____

_____

2 Pesquise outros impactos ambientais causados pela extração de minérios. Depois, discuta com os colegas e o professor.

3 Você já percebeu que os minerais são utilizados na fabricação de muitos objetos do nosso dia a dia? Observe na ilustração alguns materiais e objetos presentes na maioria das moradias.

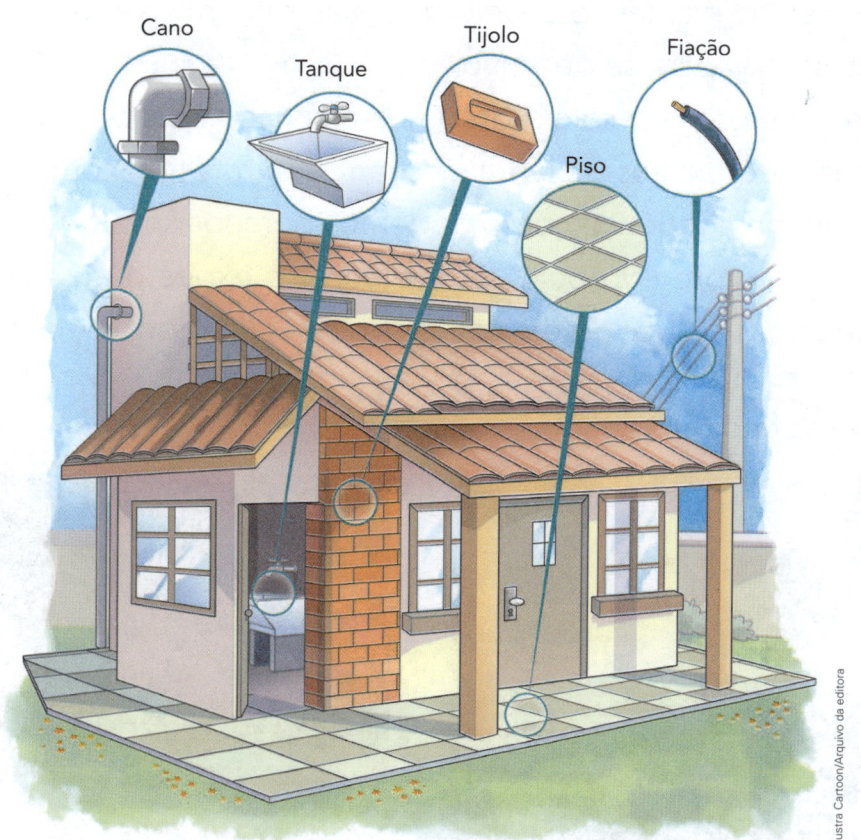

Ilustra Cartoon/Arquivo da editora

- Converse com os colegas e o professor e identifique os minerais que podem ter sido usados na fabricação de cada item destacado na ilustração.

Saiba mais

Você sabe de onde vem o sal, usado na sua alimentação de todo dia?

Ele é um recurso mineral que, no Brasil, é extraído em áreas próximas ao mar.

A água do mar fica represada em tanques até evaporar completamente, restando apenas o sal. Esse sal bruto das salinas é transformado no nosso sal de cozinha.

Delfim Martins/Pulsar Imagens

Extração de sal em Macau, no estado do Rio Grande do Norte, em 2019.

O estado brasileiro que tem a maior produção de sal marinho é o Rio Grande do Norte.

Você conhece outros objetos ou produtos feitos a partir de minerais? Quais?

O solo e a vegetação

Sugestão de...
Filme
O Lorax: em busca da trúfula perdida.
Direção: Chris Renaud e Kyle Balda. Estados Unidos: Universal Pictures, 2012.
Duração: 87 min.

O solo é a camada mais superficial da Terra. Sobre ele andamos, plantamos, erguemos construções. É no solo que se fixam as raízes das plantas, e é dele que elas retiram os nutrientes necessários para se desenvolver.

A vegetação protege o solo. Porém, para construir casas, instalar indústrias, abrir estradas, fazer pastos e plantações, entre outras transformações, os seres humanos costumam retirá-la, como podemos perceber nas fotos abaixo.

O solo, antes protegido pela vegetação, fica exposto ao calor do Sol, ao vento e à água das chuvas. Isso pode provocar seu empobrecimento e erosão.

1 Observe as fotos abaixo.

Gado em área desmatada em Aripuanã, no estado de Mato Grosso, 2015.

Colheita mecanizada de milho em Cornélio Procópio, no estado do Paraná, 2015.

a) Quais atividades estão sendo praticadas nos lugares retratados?

b) O que aconteceu com a vegetação nativa?

Minha coleção de palavras em Geografia

Você viu que a retirada da vegetação pode provocar a erosão do solo.

EROSÃO

Veja na página 158 a foto que retrata uma erosão. Em seguida, converse com os colegas e o professor sobre o significado dessa palavra.

2 O solo é um recurso natural e, como todos os outros, é muito importante para os seres vivos. Observe a ilustração abaixo e leia as legendas.

Ilustração sem escala e com cores fantasia.

Solo: é formado por fragmentos de rocha, restos de plantas e animais em decomposição, ar e água, entre outros materiais. É a camada mais superficial da Terra.

Rocha: aglomerado natural, composto de um ou mais minerais. As rochas decompostas formam o solo.

Rodval Matias/Arquivo da editora

Elaborado com base em: LEPSCH, Igo F. **Formação e conservação dos solos**. São Paulo: Oficina de Texto, 2010. p. 26.

a) Escreva um pequeno texto usando as palavras a seguir.

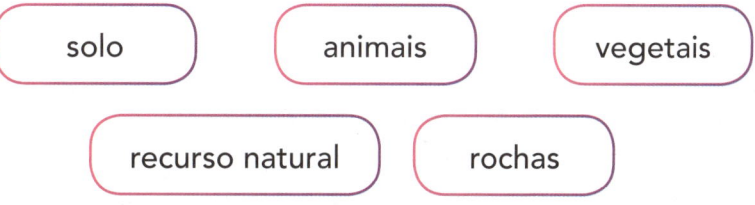

solo   animais   vegetais

recurso natural   rochas

_____

_____

b) Pesquise para que serve o solo, além das utilidades que você já conhece. Anote no caderno o que descobrir e depois compartilhe com os colegas.

Os impactos das atividades no solo

A agricultura, a pecuária e alguns tipos de extrativismo são atividades desenvolvidas nos solos. Da mesma forma que a água, o solo é um recurso natural essencial para nós e para as gerações futuras. Por isso, é preciso usá-lo de forma responsável.

Agora, vamos conhecer algumas consequências que práticas inadequadas podem causar aos solos e aos seres vivos.

1. Queimada

As queimadas, muito comuns nas áreas rurais brasileiras, a longo prazo diminuem a fertilidade do solo. Na foto, queimada em Alto Paraíso de Goiás, no estado de Goiás, 2016.

2. Desmatamento

A retirada da cobertura vegetal expõe o solo à erosão. Na foto, área desmatada em Rio Branco, no estado do Acre, 2016.

3. Erosão

O desmatamento pode acelerar a erosão, abrindo buracos profundos no solo. Na foto, erosão em Cacequi, no estado do Rio Grande do Sul, 2015.

4. Agrotóxicos

Os pesticidas, usados para eliminar as pragas das lavouras, podem contaminar o solo e as águas subterrâneas. Na foto, pulverização de pesticidas em Campo Mourão, no estado do Paraná, 2015.

5. Pecuária

Com muitas cabeças de gado em uma área pequena, não há tempo para a pastagem se recompor, ocorrendo a sua degradação. O solo pode ficar exposto e ocorrer erosão. Na foto, gado em Barra do Garças, no estado de Mato Grosso, 2019.

6. Mineração

A mineração requer a retirada da vegetação, deixando o solo descoberto. Para a retirada do minério, o solo é escavado cada vez mais profundamente. Na foto, garimpo de ouro em Poconé, no estado de Mato Grosso, 2018.

Nas cidades, o uso inadequado do solo também provoca sérios problemas ambientais. Vamos conhecer os problemas mais frequentes que atingem as áreas urbanas.

7. Deslizamento de encostas

Edilson Lima/Agência A Tarde/Estadão Conteúdo

Quando as encostas são ocupadas de forma irregular, parte da vegetação é retirada e o solo fica exposto. Em épocas de chuvas fortes podem ocorrer deslizamentos de terra e desabamentos de construções. Na foto, Salvador, no estado da Bahia, 2015.

8. Inundação

Luis Blanco/Fotoarena

As construções e o asfalto provocam a **impermeabilização** do solo nas cidades, impedindo que as águas das chuvas penetrem na terra. Quando caem chuvas fortes, podem ocorrer inundações. O lixo jogado nas ruas torna esse problema ainda mais grave. Na foto, São Paulo, no estado de São Paulo, 2015.

impermeabilização: ato de impermeabilizar, de não deixar a água passar.

9. Ocupação em áreas de mananciais

Jorge Araujo/Folhapress

A construção de moradias em áreas de mata e mananciais é proibida por lei, porque provoca desmatamento e polui os rios. Na foto, ocupação do entorno da represa Billings, em São Paulo, no estado de São Paulo, 2015. Neste caso, as casas próximas da represa estão em um programa de remoção, para recuperação dessas áreas.

1 Que alternativas você apresentaria para amenizar as situações apresentadas nas imagens desta página e da página anterior?

2 Quais desses problemas ocorrem no município onde você mora? Discuta com os colegas o que pode ser feito para evitá-los.

3 Por que o lixo jogado nas ruas agrava o problema das inundações nas cidades?

_____

_____

_____

Tecendo saberes

Nesta ilustração estão representadas **situações-problema** provocadas pela ocupação desordenada em um morro. Observe:

1 Cite os problemas indicados pelos números 1, 2 e 5.

_____

_____

Félix Reiners/Arquivo da editora

Elaborado com base em: MENEGAT, Rualdo (Coord.). **Atlas ambiental de Porto Alegre**. Porto Alegre: Ed. da UFRGS, 2006. p. 153.

2 Quais são os problemas indicados pelos números 3, 4 e 6? O que poderia ser feito para evitá-los?

_____

_____

_____

3 Identifique mais dois problemas representados na ilustração. Apresente-os para os colegas.

O que estudamos

Eu escrevo e aprendo

Nesta atividade você vai utilizar a **linguagem escrita** para retomar o que estudou na unidade. Escreva abaixo uma frase sobre o que você estudou em cada capítulo.

Capítulo 7 – O espaço natural brasileiro

_____

_____

_____

Capítulo 8 – A ação humana no meio natural

_____

_____

_____

Minha coleção de palavras em Geografia

Em cada capítulo desta unidade há uma palavra destacada para a sua coleção de palavras em Geografia. São palavras comuns em textos de Geografia e vão ajudar você a compreender melhor todos eles. Reveja essas palavras ao lado.

OCEANO, página 143.

EROSÃO, página 156.

1. O que você aprendeu com essas duas palavras? Converse com os colegas e o professor.

2. Em um quadro no caderno, escreva essas duas palavras e o significado de cada uma delas. O significado deve estar relacionado ao que você aprendeu no capítulo.

Eu desenho e aprendo

Nesta atividade você vai utilizar a **linguagem gráfica** para retomar o que estudou na unidade. Desenhe abaixo o que você considerou mais importante em cada capítulo. Se preferir, faça uma colagem.

Capítulo 7 – O espaço natural brasileiro

Capítulo 8 – A ação humana no meio natural

Hora de organizar o que estudamos

Os elementos do espaço natural

- Relevo.
- Rios.
- Clima.
- Vegetação.

As principais formas de relevo do Brasil

- Planalto.

Planalto em Bueno Brandão, no estado de Minas Gerais, 2016.

- Planície.

Planície no Parque Nacional do Pantanal Mato-Grossense, em Poconé, no estado de Mato Grosso, 2017.

- Depressão.

Depressão no Parque Nacional dos Veadeiros, em Alto Paraíso de Goiás, no estado de Goiás, 2014.

A relação entre clima e vegetação

- Floresta Amazônica e clima equatorial.

Floresta Amazônica em Caracaraí, no estado de Roraima, 2016.

- Caatinga e clima semiárido.

Caatinga em Xique-xique, no estado da Bahia, 2019.

Os recursos naturais utilizados nas atividades humanas

- Luz solar, água, solo, minerais, vegetais, entre outros.

Tipos de extrativismo

- Vegetal.
- Animal.
- Mineral.

Ilustrações: Ilustra Cartoon/Arquivo da editora

Exemplos de práticas inadequadas do uso do solo

- No campo: desmatamento.
- Na cidade: ocupação de encostas.

Ricardo Azoury/Pulsar Imagens

Área desmatada em Rio Branco, no estado do Acre, 2016.

Edilson Lima/Agência A Tarde/Estadão Conteúdo

Deslizamento de encosta em Salvador, no estado da Bahia, 2015.

Para você refletir e conversar

- Qual assunto você achou mais importante nesta unidade? E qual achou mais difícil de entender?

- Você e seus colegas podem contribuir com a redução dos impactos das atividades econômicas no ambiente?

- Dos impactos no ambiente estudados nesta unidade, qual você considera mais grave? Por quê?

Glossário

As palavras deste glossário estão definidas de acordo com o sentido em que foram utilizadas no livro.

Afluente (página 26)

Rio que despeja suas águas em outro rio, em um lago ou em um reservatório.

Rio principal e afluente (à direita), em Bandeirantes, no estado do Paraná, 2017.

Agricultura (página 61)

Conjunto de atividades que visam ao preparo do solo para a produção de vegetais usados na alimentação do ser humano. Lavoura feita para obter alimentos e matérias-primas para a indústria.

Capoeira (página 86)

Vegetação que nasce onde a mata original foi derrubada ou queimada. Pode ser ainda o lugar de onde a mata original foi retirada.

Vegetação de capoeira em primeiro plano e atrás algumas araucárias, em São José dos Ausentes, no estado do Rio Grande do Sul, 2016.

Escarpa (página 140)

Inclinação íngreme de um terreno. No Brasil, as inclinações íngremes de planalto podem ser chamadas de serras.

Fronteira (página 26)

Demarcação territorial de uma nação ou de um país.

Igapó (página 10)

Córrego na região amazônica. Pode ainda ser parte da Floresta Amazônica inundada pelo rio.

Igarapé (página 10)

Rio de pequena extensão que cruza a floresta. É utilizado como via de circulação por pequenas canoas, sobretudo na época das cheias.

Imigrante (página 105)

Pessoa que entra em um país estrangeiro para residir ou trabalhar.

Limite (página 27)

Separação entre países, estados e municípios. Em um mapa, os limites são representados por linhas.

Manancial (página 159)

Fonte de água doce subterrânea ou superficial usada para consumo humano ou desenvolvimento de atividades econômicas.

Mapa (página 23)

Representação da superfície terrestre (ou de parte dela) de forma reduzida e selecionada. O mapa é feito em uma superfície plana, como o papel.

Planta (página 23)

Representação detalhada de um lugar – cidade, bairro, sala de aula, etc. A planta é feita em uma superfície plana, como o papel.

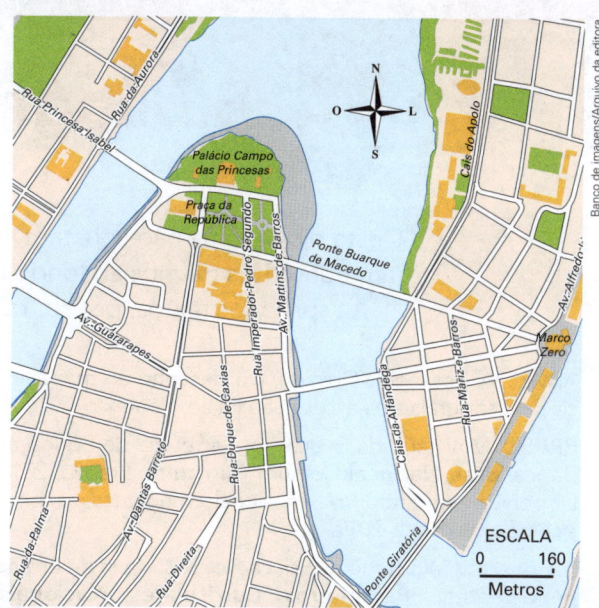

Planta: desenho detalhado das ruas e dos quarteirões na visão vertical. Recife, no estado de Pernambuco, 2016.

Ponto de referência (página 44)

Objeto ou lugar usado para orientação. Está diretamente ligado à noção de localização espacial.

Reserva florestal (página 83)

Área destinada, por lei, à conservação de espécies vegetais e animais.

Satélite artificial (página 23)

Veículo colocado em órbita ao redor da Terra para obter e transmitir informações principalmente por meio de imagens.

Sedimentação (página 141)

Processo de acúmulo de materiais nas partes mais baixas do relevo, transportados pelo vento, pelo gelo e pela água dos rios e da chuva.

Subsolo (página 125)

Camada de solo situada abaixo da camada superficial da terra, aquela que fica logo abaixo do chão em que pisamos.

Bibliografia

Desta bibliografia não constam as referências de alguns livros dos quais foram transcritos trechos ao longo dos capítulos. Citamos as referências nos próprios textos, por se tratar de leituras complementares.

ALMEIDA, Rosângela Doin de. **Do desenho ao mapa**: iniciação cartográfica na escola. São Paulo: Contexto, 2016.

BRASIL. Ministério da Educação. Secretaria de Educação Básica. **Base Nacional Comum Curricular**. Brasília, 2018. Disponível em: <http://basenacionalcomum.mec.gov.br/>. Acesso em: 18 dez. 2019.

_____. Ministério da Educação. Secretaria de Ensino Fundamental. **Parâmetros Curriculares Nacionais**: Geografia/História e Temas Transversais. Brasília: MEC/SEF, 1997.

_____. Ministério da Educação e do Desporto. Secretaria de Ensino Fundamental. **Ensino Fundamental de Nove Anos**. Brasília: MEC/SEF, 2006.

_____. **Diretrizes Curriculares Nacionais para Educação Básica**. Brasília: MEC/SEF, 2013.

CALLAI, Helena Copetti. Aprendendo a ler o mundo: a Geografia nos anos iniciais do Ensino Fundamental. **Cadernos CEDES**. Educação geográfica e as teorias de aprendizagem, n. 66. Campinas, 2005. Número especial.

CASTELLAR, Sonia. **Educação geográfica**: teorias e práticas docentes. São Paulo: Contexto, 2010.

_____; CAVALCANTI, Lana de S.; CALLAI, Helena C. (Org.). **Didática da Geografia**: aportes teóricos e metodológicos. São Paulo: Xamã, 2012.

CASTROGIOVANNI, Antonio Carlos (Org.). **Ensino de Geografia**: práticas e textualizações no cotidiano. Porto Alegre: Mediação, 2009.

_____. **Geografia em sala de aula**: práticas e reflexões. Porto Alegre: Ed. da UFRGS/AGB, 2010.

_____; COSTELLA, Roselane Z. **Brincar e cartografar com os diferentes mundos geográficos**: a alfabetização espacial. Porto Alegre: EdiPUCRS, 2016.

CAVALCANTI, Lana de Souza (Org.). **Formação de professores**: concepções e práticas em Geografia. Goiânia: Vieira, 2006.

_____. **Geografia, escola e construção de conhecimentos**. Campinas: Papirus, 2016.

COLL, César et al. **O construtivismo na sala de aula**. São Paulo: Ática, 2010.

IBGE. **Atlas geográfico escolar**. 8. ed. Rio de Janeiro, 2018.

MEIRIEU, Philippe. **Aprender... sim, mas como?** Porto Alegre: Artmed, 2000.

MICHEL, François. **A Ecologia em pequenos passos**. São Paulo: Nacional, 2008.

NEIMAN, Zysman. **Era verde?** Ecossistemas brasileiros ameaçados. São Paulo: Atual, 2003.

PAULA, Flávia Maria de Assis et al. **Ensino de Geografia e Metrópole**. Goiânia: América, 2014.

PERRENOUD, Philippe. **10 novas competências para ensinar**. Porto Alegre: Artmed, 2000.

PILLAR, Analice Dutra. **Desenho e construção do conhecimento na criança**. Porto Alegre: Artmed, 1996.

POLATO, Amanda. Um bate-papo sem fim. **Nova Escola**, abr./maio 2007.

PONTUSCHKA, Nídia Nacib et al (Org.). **Para ensinar e aprender Geografia**. São Paulo: Cortez, 2012.

_____; OLIVEIRA, Ariovaldo Umbelino de (Org.). **Geografia em perspectiva**. São Paulo: Contexto, 2010.

POZO, Juan Ignacio (Org.). **A solução de problemas**: aprender a resolver, resolver para aprender. Porto Alegre: Artmed, 1998.

RAMA, Ângela; VERGUEIRO, Waldomiro (Org.). **Como usar as histórias em quadrinhos na sala de aula**. São Paulo: Contexto, 2016.

SCHÄFFER, Neiva. Ler a paisagem, o mapa, o livro... Escrever nas linguagens da Geografia. In: NEVES, Iara C. B. **Ler e escrever**: compromisso de todas as áreas. Porto Alegre: Ed. da UFRGS, 2006.

_____ et al. **Um globo em suas mãos**: práticas para a sala de aula. Porto Alegre: Ed. da UFRGS, 2010.

SIMIELLI, Maria Elena. A Cartografia no Ensino Fundamental e Médio. In: CARLOS, Ana Fani Alessandri (Org.). **Geografia na sala de aula**. São Paulo: Contexto, 2015.

_____. **Geoatlas**. 35. ed. São Paulo: Ática, 2019.

_____. **Primeiros mapas**: como entender e construir. São Paulo: Ática, 2010. 4 v.

STRAFORINI, Rafael. **Ensinar Geografia**: o desafio da totalidade-mundo nas séries iniciais. São Paulo: Annablume, 2008.

TONINI, Ivaine et al. **O ensino de Geografia e suas composições curriculares**. Porto Alegre: Mediação, 2014.

VOGEL, Arno et al. **Como as crianças veem a cidade**. Rio de Janeiro: Pallas/Flacso/Unicef, 1995.

ZABALA, Antoni (Org.). **Como trabalhar os conteúdos procedimentais em aula**. Porto Alegre: Artmed, 2013.

Sites

Agenda Criança Unicef: <www.selounicef.org.br>

Biblioteca Virtual de Educação: <http://bve.cibe.inep.gov.br/>

Revista *Ciência Hoje*: <http://chc.org.br/revista-aberta/>

Revista *Nova Escola*: <http://novaescola.org.br/>

Acesso em: 18 dez. 2019.